"人口—土地"城镇化协调发展 研究：多维评价、空间分析 与政策建议

崔许锋　著

中国财经出版传媒集团

经济科学出版社
Economic Science Press

图书在版编目（CIP）数据

"人口—土地"城镇化协调发展研究：多维评价、空间分析与政策建议／崔许锋著.—北京：经济科学出版社，2018.10

ISBN 978 - 7 - 5141 - 9685 - 6

Ⅰ.①人… Ⅱ.①崔… Ⅲ.①城市化 - 研究 - 中国 Ⅳ.①F299.21

中国版本图书馆 CIP 数据核字（2018）第 200300 号

责任编辑：白留杰 刘殿和
责任校对：曹育伟
责任印制：李 鹏

"人口—土地"城镇化协调发展研究：多维评价、空间分析与政策建议

崔许锋 著

经济科学出版社出版、发行 新华书店经销

社址：北京市海淀区阜成路甲 28 号 邮编：100142

教材分社电话：010 - 88191354 发行部电话：010 - 88191522

网址：www.esp.com.cn

电子邮箱：bailiujie518@126.com

天猫网店：经济科学出版社旗舰店

网址：http://jjkxcbs.tmall.com

北京财经印刷厂印装

710×1000 16 开 12.25 印张 180000 字

2018 年 10 月第 1 版 2018 年 10 月第 1 次印刷

ISBN 978 - 7 - 5141 - 9685 - 6 定价：42.00 元

（图书出现印装问题，本社负责调换。电话：010 - 88191510）

（版权所有 侵权必究 打击盗版 举报热线：010 - 88191661

QQ: 2242791300 营销中心电话：010 - 88191537

电子邮箱：dbts@esp.com.cn）

前　言

城镇化是一个自然社会发展过程，是经济社会发展演变的必然趋势。在城镇化发展过程中，人口是城镇化的主体，土地是城镇化的空间，城镇化过程中人口与土地的关系决定着城镇化的和谐持续发展。城镇化是21世纪中国经济社会发展的最显著特征之一，当前城镇化发展过程中出现的诸多问题，如城市交通拥挤、"卧城""鬼城"现象、"雾霾天气"、环境退化等都可以从人口—土地城镇化关系研究中得到解释，因此对人口城镇化与土地城镇化关系的研究具有重要的现实价值。本书综合运用地理学、经济学和管理学的理论与方法，对我国人口城镇化与土地城镇化关系进行了定性与定量研究，从人口—土地时空分异和协调性关系视角研究我国城镇化发展过程中存在的人口—土地城镇化协调性问题。本书研究对促进我国城镇化的健康持续发展、国土资源的高效合理利用，保障国民经济的平稳持续增长都具有重要的现实价值，同时对于完善人口—土地城镇化协调发展理论体系构建具有一定的理论价值。

本书以资源稀缺理论为研究的前提和基础，提出人口—土地城镇化协调发展的客观需求，以空间分析理论、系统耦合理论等分析人口—土地城镇化时空分异和协调性的现实表现，进而以经济效率、产业发展理论为依据分析非协调问题产生的原因，最后以人地关系理论中"协调论"为指导思想、以可持续发展为发展目标、以绿色发展为发展模式，从制度层面、市场层面、管理层面提出人口—土地城镇化协调发展的政策建议。

根据研究的逻辑顺序，本书可以分为六个部分：

第一部分是本书的绪论和第一章，是研究的理论基础。绪论阐述研究的背景和意义，进而对国内外人口—土地城镇化发展的协调性的研究文献进行综述，在借鉴已有研究的基础上评述已有研究的进展，提出本书研究的方向，确定研究的内容、方法、技术路线以及研究的框架。第一章是对基本概念的阐释和理论框架的确定。在界定协调与协调性发展、人口—土地城镇化、时空分异的基础上，提出研究的理论框架。

第二部分是第二章和第三章，即人口城镇化与土地城镇化的时空分异分析。人口城镇化的时空分异研究主要从"时间和空间"两个维度对人口城镇化的动态演变和空间格局进行分析。时间维度的研究从中国人口城镇化历史发展阶段及空间格局动态演变两个方面展开；空间维度的研究主要关注当前人口城镇化的发展水平、集聚水平、地区差异的空间特征。土地城镇化的时空分异和人口城镇化的时空分异研究结构相似，主要从"时间和空间"两个维度对人口城镇化的动态演变和空间格局进行分析。时间维度研究从中国土地城镇化历史发展阶段、空间格局动态演变两个方面展开；空间维度研究主要关注中国土地城镇化的发育水平、集约水平、扩展潜力的空间特征。

第三部分是第四章，即人口—土地城镇化发展协调性分析。本章内容主要包括两个部分，即基于时间维度的人口—土地城镇化发展协调性研究和基于空间维度的人口—土地城镇化发展空间匹配性研究。人口—土地城镇化发展协调性研究主要从发展速度的协调性和发展水平的协调性两个方面展开，空间匹配性研究则主要关注人口—土地城镇化发展规模的匹配性和发展水平的匹配性。

第四部分是第五章，即人口—土地城镇化发展非协调性产生原因及现实危害。首先，在人口—土地城镇化发展协调性分析的基础上，尝试从经济和制度方面分析人口—土地城镇化的非协调发展产生的原因和根源；其次，从社会与经济领域、环境和资源领域论述人口—土地城镇化发展非协调性产生的现实危害。

第五部分是第六章和第七章，即人口—土地城镇化协调发展的国际经验借鉴和政策建议。在分析和借鉴美国、德国和日本人口—土地城镇化协调发展经验基础上，基于人口—土地城镇化非协调发展产生危害和影响因素的分析，以完善制度、修复政策、规划引导、调整经济发展方式为工具和方法，促使人口—土地城镇化的非协调发展状态向协调发展状态的迁移，构建长期性人口—土地城镇化协调发展的制度与政策保障。

最后是结论与展望，对人口—土地城镇化协调发展研究的结论进行总结归纳，并分析研究存在的局限性和不足，指出下一步研究的方向。

基于以上的分析，本书可能的创新点主要有以下几点：

其一，对人口—土地城镇化的协调发展进行系统性、完整性研究。通过以上的文献评述可以知道，关于人口—土地城镇化协调性研究已有丰富的研究成果，但是较为系统的、完整的对人口—土地城镇化分析还相对较少，尚缺乏对人口—土地城镇化发展协调性的系统性研究，因此本书从人口—土地城镇化的发展水平测度、时空分异和协调性评价，以及人口—土地城镇化的非协调性发展引致的危害、原因分析方面对人口—土地城镇化发展的协调性进行系统研究，并从制度、市场、管理层面提出人口—土地城镇化协调发展的政策建议，促使人口—土地城镇化发展由非协调状态向协调状态的变迁。

其二，从"时间—空间"维度研究人口—土地城镇化协调性发展。当前对人口—土地城镇化发展协调性的研究，往往着眼于人口城镇化与土地城镇化的发展速度和规模的协调性，也即是关注人口城镇化与土地城镇化时间维度的协调性，而人口城镇化与土地城镇化在空间维度的协调性发展则鲜有提及。因此，本书尝试从"时间—空间"的维度研究人口—土地城镇化发展的协调性，弥补已有研究过多关注土地城镇化与人口城镇化增长协调，而忽视土地城镇化与人口城镇化在空间上的匹配性问题。

其三，对土地城镇化空间维度的空间格局与时间维度的动态演变的研究。当前城镇化研究集中于人口城镇化方面，对土地的城镇化的研究相对较少，而在土地城镇化研究领域中关于土地城镇化时空分异研究也鲜有涉及。因此，本书将土地城镇化作为研究的重要部分，先分析其在时间维度的动态发展演变，而后分析当前其在空间维度的格局，包括发育水平、集约水平、扩展潜力的空间特征。

崔许锋

2018 年 8 月

目　　录

绪论 …………………………………………………………（ 1 ）

一、研究的背景和必要性 ………………………………（ 2 ）

二、研究的目的与意义 …………………………………（ 9 ）

三、国内外研究动态与评述 ……………………………（ 11 ）

四、研究的内容、方法与结构 …………………………（ 29 ）

五、可能的创新之处 ……………………………………（ 36 ）

小结 ………………………………………………………（ 38 ）

第一章　基本概念与理论框架 …………………………（ 39 ）

第一节　主要概念界定 …………………………………（ 39 ）

一、协调发展 ……………………………………………（ 39 ）

二、人口—土地城镇化 …………………………………（ 41 ）

三、时空分异 ……………………………………………（ 45 ）

第二节　研究框架与理论基础 …………………………（ 49 ）

一、研究的框架 …………………………………………（ 49 ）

二、研究的理论基础 ……………………………………（ 52 ）

本章小结 …………………………………………………（ 62 ）

第二章　人口城镇化的时空分异分析 …………………（ 64 ）

第一节　人口城镇化时间维度演变分析 ………………（ 64 ）

一、中国人口城镇化历史发展阶段分析 ………………（ 64 ）

二、中国人口城镇化格局动态演变分析 ·················· （67）

第二节 人口城镇化空间维度格局分析 ·················· （73）

一、人口城镇化发展水平空间分析 ·················· （73）

二、人口城镇化空间集聚水平分析 ·················· （76）

三、人口城镇化水平地区差异分析 ·················· （77）

本章小结 ··· （79）

第三章 土地城镇化的时空分异分析 ·················· （81）

第一节 土地城镇化时间维度演变分析 ·················· （81）

一、1949～1978年，土地城镇化的起步发展阶段 ·········· （81）

二、1979～1983年，土地城镇化低速发展阶段 ·········· （82）

三、1984～2004年，土地城镇化的快速发展阶段

（开发区驱动） ································· （82）

四、2005年至现在，土地城镇化的快速发展阶段

（房地产业驱动） ································· （83）

第二节 土地城镇化空间维度格局分析 ·················· （84）

一、土地城镇化发育水平空间分析 ·················· （84）

二、土地城镇化集约水平空间分析 ·················· （86）

三、土地城镇化扩展潜力空间分析 ·················· （89）

本章小结 ··· （93）

第四章 人口—土地城镇化发展协调性分析 ·················· （94）

第一节 人口—土地城镇化增长速度一致性分析 ·········· （94）

一、人口—土地城镇化增长速度的偏移度分析 ·········· （95）

二、人口—土地城镇化增长速度协调等级分析 ·········· （98）

三、人口—土地城镇化增长速度的情景分析 ·········· （99）

第二节 人口—土地城镇化发展空间匹配性分析 ·········· （100）

一、人口—土地城镇化空间匹配模型 ·················· （101）

　　二、人口—土地城镇化空间匹配性评价 ⋯⋯⋯⋯⋯⋯⋯⋯（102）

　　三、城镇人口—土地空间匹配性空间格局分析 ⋯⋯⋯⋯（109）

　　四、结论与启示 ⋯⋯⋯⋯⋯⋯⋯⋯⋯⋯⋯⋯⋯⋯⋯⋯⋯（112）

　第三节　人口—土地城镇化发展水平协调性分析 ⋯⋯⋯⋯（113）

　　一、人口—土地城镇化综合评价体系构建 ⋯⋯⋯⋯⋯⋯（114）

　　二、人口—土地城镇化综合发展水平分析 ⋯⋯⋯⋯⋯⋯（115）

　本章小结 ⋯⋯⋯⋯⋯⋯⋯⋯⋯⋯⋯⋯⋯⋯⋯⋯⋯⋯⋯⋯（120）

第五章　人口—土地城镇化发展非协调性问题产生
　　　　原因及现实危害 ⋯⋯⋯⋯⋯⋯⋯⋯⋯⋯⋯⋯⋯⋯（121）

　第一节　非协调性问题产生的原因 ⋯⋯⋯⋯⋯⋯⋯⋯⋯⋯（121）

　　一、非协调性问题产生的经济原因 ⋯⋯⋯⋯⋯⋯⋯⋯⋯（121）

　　二、非协调性问题产生的制度原因 ⋯⋯⋯⋯⋯⋯⋯⋯⋯（124）

　第二节　非协调性问题产生的危害 ⋯⋯⋯⋯⋯⋯⋯⋯⋯⋯（127）

　　一、引致的社会与经济领域的问题 ⋯⋯⋯⋯⋯⋯⋯⋯⋯（127）

　　二、引致的资源与环境领域的问题 ⋯⋯⋯⋯⋯⋯⋯⋯⋯（131）

　本章小结 ⋯⋯⋯⋯⋯⋯⋯⋯⋯⋯⋯⋯⋯⋯⋯⋯⋯⋯⋯⋯（135）

第六章　主要发达国家人口—土地城镇化协调发展经验借鉴 ⋯⋯（137）

　第一节　美、德、日三国人口—土地城镇化
　　　　　发展经验分析 ⋯⋯⋯⋯⋯⋯⋯⋯⋯⋯⋯⋯⋯⋯⋯（137）

　　一、美国经验 ⋯⋯⋯⋯⋯⋯⋯⋯⋯⋯⋯⋯⋯⋯⋯⋯⋯⋯（137）

　　二、德国经验 ⋯⋯⋯⋯⋯⋯⋯⋯⋯⋯⋯⋯⋯⋯⋯⋯⋯⋯（139）

　　三、日本经验 ⋯⋯⋯⋯⋯⋯⋯⋯⋯⋯⋯⋯⋯⋯⋯⋯⋯⋯（141）

　第二节　美、德、日三国人口—土地城镇化
　　　　　发展经验借鉴 ⋯⋯⋯⋯⋯⋯⋯⋯⋯⋯⋯⋯⋯⋯⋯（142）

　　一、以产业为人口—土地城镇化发展的支撑 ⋯⋯⋯⋯⋯（142）

　　二、坚持规划引导与城镇协调发展 ⋯⋯⋯⋯⋯⋯⋯⋯⋯（143）

三、加强农业资源特别是耕地资源的保护 ·················· （144）

四、提高城镇化转移人口素质 ····························· （145）

五、结语 ··· （145）

本章小结 ·· （146）

第七章　人口—土地城镇化协调发展目标思路与政策建议 ········ （148）

第一节　协调发展的总体思路 ···························· （148）

第二节　制度层面的政策建议 ···························· （149）

一、拆除"城乡二元"户籍壁垒 ······················· （149）

二、建立有序的人口城镇化机制 ······················· （150）

三、完善保障性住房制度和体系 ······················· （151）

第三节　市场层面的政策建议 ···························· （153）

一、转变粗放的经济增长方式 ························· （153）

二、构建城乡统一的土地市场 ························· （154）

三、坚持城镇用地内部潜力释放 ······················· （155）

第四节　管理层面的政策建议 ···························· （156）

一、发挥规划的引导和控制作用 ······················· （156）

二、构建有机协调的城镇化体系 ······················· （157）

三、生态文明建设促进协调发展 ······················· （159）

四、协调区域间人口与土地城镇化发展 ················· （160）

本章小结 ·· （162）

结论与展望 ··· （164）

一、研究结论 ··· （164）

二、研究展望 ··· （167）

参考文献 ··· （170）

绪　论

城镇化是一个自然社会发展过程，是社会发展的必然趋势[1]，人口是城镇化的主体，土地是城镇化的空间。城镇化过程中人口与土地的关系决定着城镇化的和谐持续发展。当前城镇化发展过程中出现的诸多问题，如城市交通拥挤、"卧城现象""鬼城现象""雾霾天气"、全球变暖、环境污染（Ren，et al.；鲁奇等；Jones，Groisman，Coughlan，et al.）[2]~[4]等都可以从人口—土地城镇化关系研究中得到解释，因此对人口城镇化与土地城镇化关系的研究具有重要的现实价值。本书综合运用地理学、经济学和管理学的理论与方法，对我国人口城镇化与土地城镇化关系进行了定性与定量研究，从人口—土地时空分异和关系视角研究我国城镇化发展过程中存在的人口—土地城镇化协调性问题。研究对促进我国城镇化的健康持续发展、国土资源的高效合理利用，保障国民经济的平稳持续增长都具有重要的现实价值，同时对于完善人口—土地城镇化协调发展理论体系构建具有一定的理论价值。

---

[1]　杨晓东，林文. 中国城镇化道路的战略选择［J］. 中国农业大学学报（社会科学版），2002（2）：10-16.

[2]　Ren W, Zhong Y, Meligrana J, et al. Urbanization, land use, and water quality in Shanghai: 1947-1996. Environment International, Vol. 29, No. 5 (2003), pp. 649-659.

[3]　鲁奇，战金艳，任国柱. 北京近百年城市用地变化与相关社会人文因素简论［J］. 地理研究，2001, 20（6）：688-696.

[4]　Jones P D, Groisman P Y, Coughlan M, et al. Assessment of urbanization effects in time series of surface air temperature over land. Nature, Vol. 347, No. 6289 (1990), pp. 169-172.

一、研究的背景和必要性

（一）研究的背景

1. 人口城镇化进入快速增长时期

城镇化无疑是 21 世纪中国经济社会发展最显著的特征之一，正如美国经济学家、诺贝尔经济学奖得主 Stiglite（2000）所说的，21 世纪将有两件事影响人类社会的发展进程，分别是以美国为首的新技术革命和中国的城镇化发展。中国城镇化发展是世界城镇化发展进程的重要组成部分，中国作为世界上人口与土地的大国决定着世界的城镇化发展进程，对于世界城镇化的均衡协调发展具有重要意义。2016 年 2 月中共中央、国务院印发《国务院关于深入推进新型城镇化建设的若干意见》中提到"新型城镇化是现代化的必由之路，是最大的内需潜力所在，是经济发展的重要动力"。在某种意义上，中国的城镇化发展决定了中国未来经济和社会的持续发展，是国家实现现代化发展的必由之路，是中国区域协调发展的重要支撑。

1949 年新中国成立后，特别是 1978 年我国实施改革开放重大战略以来，城镇化发展迅速，人口城镇化率逐年提高，并且近 10 年来呈现加速增长趋势。新中国成立初期，我国人口城镇化率仅有 10.64%，处于相对较低的水平，国家城镇化发展正处于起步阶段，而同期的欧美等发达国家城镇化率已经达到 60% 左右，即将完成中期发展阶段、迈入城镇化的高水平发展阶段。改革开放之初我国城镇化率也仅有 17.92%，同期欧美等发达国家已经完成了城镇化的"30% ~70%"中期发展，迈入了城镇化高水平阶段，我国城镇化发展与欧美发达国家仍有相当大的差距（见表 0 - 1）。截至2016 年末，我国城镇化率已经达到 57.35%（国家统计局数据），比改革开放初期增长了 3 倍多，年均增长 1.04 个百分点，城镇化发展取得了巨大成就。"诺瑟姆曲线"（Ray. M. Northam，1979）研究表明，当人口城镇化率达到"30%～70%"阶段，城镇化将处于加速发展时期，当前我国城镇化率为57.35%，正处于城镇化加速发展时期。

表0－1　　世界部分国家和地区城镇化率（1970～2016年）　　单位：%

国家	1970年	1980年	1990年	2000年	2010年	2016年
世界	36.51	39.27	42.92	46.55	51.54	54.30
高收入国家	68.12	71.78	74.38	76.42	79.29	81.42
中高等收入国家	29.41	33.66	40.96	48.87	58.91	65.05
中等收入国家	26.75	30.63	36.13	41.49	48.04	51.37
中低收入国家	25.37	29.23	34.41	39.29	45.28	39.65
低收入国家	14.38	18.34	21.72	24.59	28.59	31.18
美国	73.60	73.74	75.30	79.06	80.77	81.79
日本	71.88	76.18	77.34	78.65	90.52	93.93
德国	72.27	72.84	73.12	73.07	74.29	75.51
俄罗斯	62.47	69.75	73.39	73.35	73.69	74.10
巴西	55.91	65.47	73.92	81.19	84.34	85.93
印度	19.76	23.10	25.55	27.67	30.93	33.14
韩国	40.70	56.72	73.84	79.62	81.94	82.59
中国	17.40	19.36	26.44	35.88	49.23	57.35

数据来源：世界银行数据库。

2. 城镇化发展中三次产业结构失衡

可持续发展观要求我们以生态文明的视角审视产业结构与产业发展，当前诸多的环境生态问题无疑是城市产业结构不合理的外在表达。三次产业分类法根据社会生产活动的历史发展顺序将产业分为第一、第二、第三次产业，产品直接取自自然界的为第一产业，对初级产品进行再加工的产业为第二产业，为生产和消费提供服务的产业为第三产业。第二产业是资源的消耗者和污染物的制造者，第三产业是低耗能、无污染的环境友好型产业，是产业未来的发展方向。

从改革开放到2016年的38年间，我国第三产业比重从23.9%增加到 51.63%，提高了 27.73 个百分点，但应该认识到的是同期英国的比重是 80.22%，法国的比重是 79.17%，俄罗斯的比重是 62.84%[①]，我国与发达国家仍有相当大的差距（见表 0 - 2）。

表 0 - 2　　　　三次产业对国内生产总值的贡献率（2016 年）　　　单位：%

国家	第一产业	第二产业	第三产业
中国	8.56	39.81	51.63
英国	0.61	19.17	80.22
法国	1.48	19.35	79.17
澳大利亚	2.61	24.32	73.07
俄罗斯	4.74	32.42	62.84

数据来源：世界银行数据库。

3. 大城市的崛起与城市群的发育

通过观察世界城镇化的进程，可以发现城镇化在 20 世纪得到了快速的发展，20 世纪初世界城镇化率仅为 13%，世界城镇化进程处于起步阶段，而到 20 世纪末则达到了 47%，100 年间城镇化率提高了 34 个百分点，年均增长 0.34 个百分点。在世界城镇化从 20 世纪初到 20 世纪末发展的 100 年间，欧美等发达国家完成了城镇化中期进程，迈入了城镇化高水平发展阶段，进入城镇化发展后期的稳定发展阶段。而发展中国家则走完了城镇化初始缓慢发展阶段，进入了城镇化中期快速发展阶段。当前世界范围内欧美等发达国家处于城镇化高水平阶段，发展中国家处于城镇化快速发展阶段，在世界城镇化发展进程中，城镇化又表现出了新的发展形态，即大城市的崛起和城市群的发育。

根据国际统计数据显示，世界范围内 1950 年人口超过百万的城市有 71 座，而到 2000 年则增加到 388 座，50 年间增长了 5 倍多。人口超过千万的巨型城市也在不断地发育，世界范围内人口超过 1 000 万人口

---

① 缪细英，廖福霖，祁新华. 生态文明视野下中国城镇化问题研究 [J]. 福建师范大学学报（哲学社会科学版），2011（1）：22 - 27.

的城市在 1950 年只有 1 座，而到 2016 年增加到 36 座，其中 26 座在发展中国家，包括中国的北京、上海、深圳、广州、天津和成都六座城市。而且这些城市都是区域性的中心城市，周围往往分布着成群的中小城镇，组成了都市连绵区或者城市群，这无疑是当前世界城镇化发展进程中出现的新特征、新形态，应该引以关注。

（二）研究的必要性

1. 土地城镇化过快导致耕地资源流失严重

由于耕地资源的公共物品的特征与其经济的低效率性，土地利用者往往为了谋求更高的经济效益，致使耕地资源城镇化。随着近年来城市化进程的加快，虽然国家实行了严格的耕地保护政策，但耕地资源仍然大量的流失。根据国土资源部《中国国土资源年鉴》统计数据，2000 ~ 2008 年非农建设占用耕地面积共 167.98 万公顷（见图 0 - 1），城镇化发展年均导致耕地资源流失面积为 18.66 万公顷[①]，需要注意的是 2005 年西藏自治区耕地资源保有量为 36 万公顷，也即是意味着两年将流失一个西藏自治区的耕地资源。我国耕地资源的减少除了建设占用这一因素外，还受到灾毁、生态退耕、农业结构调整等因素的影响。据国土资源部统计数据显示，1996 年我国耕地面积为 1.3 亿公顷，2002 年耕地面积降至 1.26 亿公顷，到 2008 年耕地面积更是下降到 1.22 亿公顷，年均减少约 66.67 万公顷。

虽然根据土地变更调查最新数据显示 2016 年耕地资源总量有 1.35 亿公顷[②]，但是这只是统计口径和统计精度的问题，耕地资源每年客观的流失数量和耕地资源减少总体趋势没有改变，耕地资源保护依然紧迫（见图 0 - 2）。在我国这样一个人口数量多，人均耕地资源数量偏少的国家，耕地资源数量的锐减势必会威胁粮食安全，关系到国家稳定的大

[①] 2009 ~ 2013 年由于进行第二次全国土地调查，数据没有进行更新，记载耕地资源变化情况的表 4 依然是《2008 年耕地增减变动情况》。

[②] 国土资源部《2016 年中国国土资源公报》。

图 0 - 1　中国城镇化率与非农建设占用耕地（2000～2008 年）

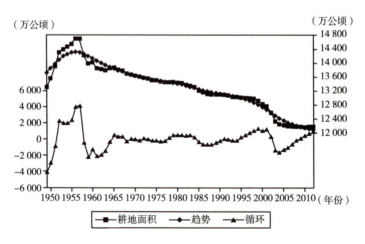

图 0 - 2　中国耕地资源数量变化及其趋势和波动（1949～2013 年）

数据来源：国土资源部：《中国国土资源公报（2000～2015）》《中国国土资源年鉴（2001～2016）》《中国统计年鉴（1979～2016）》。

局。土地变更调查的数据显示，在人均耕地资源分配方面，2016 年全国人均耕地面积为 0.1 公顷，与 1996 年第一次全国土地调查时的数据（1996 年人均耕地面积数据为 0.11 公顷）相比较，13 年间下降了

0.009 公顷。与世界范围内其他国家比较，当前中国耕地资源人均水平不到世界人均水平的 1/2，不到美国人均水平的 1/6，在当前中国城镇化高速发展的时期，城镇发展占用耕地资源的趋势不会改变，如何在保障国家耕地资源前提下，满足城镇化发展对土地的需求需要去探索和解决。

2. 城镇化发展过程中"土地财政"问题突出

从 1994 年实行分税制以来，税收分为中央税、地方税和共享税，但是其存在的问题是地方的事权和财权不相匹配，地方政府日常运营支出、基础设施建设、公共服务投资等需要大量的资金支持，地方政府考核的重要指标是经济增长，于是地方政府随着土地管理制度改革，开始关注土地并通过土地收入满足地方政府的各项支出和投资。根据财政部公布的《2016 年地方政府性基金收入决算表》显示，"2016 年地方政府性基金收入中新增建设用地土地有偿使用费收入 472.03 亿元、国有土地使用权出让金收入 35 639.69 亿元、国有土地收益基金收入 1 189.57 亿元、农业土地开发资金收入 177.76 亿元，构成国有土地使用权出让收入 37 479.05 亿元。2016 年土地收入相比上年增长 15.2%，占地方政府性本级基金收入的 88.26%"。

据国家统计局、国土资源部、财政部统计数据，近 10 年土地出让金收入普遍占地方财政收入的 40% 以上，在 2010 年甚至逼近 70%，达到 69.4%。但是土地财政并非是生产性活动，而是依靠政府强制力，通过低价征收农民的集体土地，然后以较高价格出让给房地产开发商等土地使用者，土地收入的资金是通过从土地最终消费者房地产购买者的购买花费而来。但是城镇土地面积有限，土地出让一般具有较长的年限，其中居住用地出让年限为 70 年、工业用地和综合用地为 50 年、商业用地为 40 年，因此地方政府通过卖地而获得财政收入的方法无疑是一种短期行为，不具备持续性。而当下届政府无地可以出让时，只能扩大中心城区面积、出让近郊土地，导致城镇土地的无序蔓延。

3. 人口城镇化发展滞后且存在区域的非均衡性

当前我国人口城镇化率已经达到为57.35%，而同期欧美发达国家人口城镇化率已经超过80%，处于城镇化的高水平发展阶段，世界平均人口城镇化率也达到60%，因此我国人口城镇化处于相对滞后的发展阶段。我国由于国土面积广阔，区域间人口城镇化也存在着较强非均衡性，统计数据显示，2016年存在人口城镇化率低于30%的西藏，存在人口城镇化率在30%~45%的贵州、甘肃，也存在人口城镇化率在45%~55%的云南、广西、新疆、河南、四川、青海、安徽、湖南、江西、河北，还存在人口城镇化率在55%~70%的陕西、吉林、山西、宁夏、海南、湖北、山东、黑龙江、内蒙古、重庆、福建、浙江、辽宁、江苏、广东，以及人口城镇化在70%以上的上海、北京、天津。因此，我国人口城镇化呈现出总体发展滞后且存在区域发展的非均衡状态。

4. 城镇空间拥挤与城镇土地闲置低效利用并存

当前我国空间拥挤与土地闲置并存。空间拥挤主要表现在中心城区人口密度大，城镇公共设施及交通设施超负荷运转，主要原因是中心城区土地发育成熟，拥有比较完善的公用设施和公共服务体系，城镇人口自发向中心城区集聚，导致中心城区空间拥挤。

在我国城镇空间拥挤的同时，城镇土地的低效利用同时存在，主要表现在：一是城镇近郊土地的闲置和低效利用。城镇近郊由于距离中心城区相对较远，基础设施配置不足且距离工作地点较远，因此人口集聚不足，导致城镇土地的低效率利用和闲置浪费。二是中心城区内废弃的工业用地。当前满足城镇用地需求主要通过城镇的横向扩展方式实现，而城镇内部废弃的工业用地却被忽略，因此应该注重城镇用地的内部挖潜，促使内部用地潜力的释放，提高土地利用的绩效。

当前城镇空间拥挤与城镇土地闲置低效利用并存的现状正是人口城镇化与土地城镇化发展的非协调性的现实表现，因此解决城镇空间拥挤和提高土地利用效率的问题亟须解决人口—土地城镇化发展的非协调问题。

二、研究的目的与意义

（一）研究的目的

纵观世界各国城镇化发展历程，都是在人口城镇化与土地城镇化相互作用、相互反馈的过程中不断发展，不少国家都因人口城镇化与土地城镇化的不协调而滋生了社会、经济和环境问题。我国自改革开放以来，特别是 1996 年城镇化进程进入快速发展时期以来，伴随着人口城镇化与土地城镇化的相互作用，由于人口城镇化与土地城镇化发展过程中非协调问题的存在，产生了"空城""鬼城"、交通拥挤、雾霾天气等问题。这些问题的存在阻碍了我国城镇化的良性持续发展，造成了严重的生产要素和资源浪费，人口城镇化与土地城镇化的协调发展问题亟待解决。因此，本书拟通过阐述人口—土地城镇化的时空分异，分析人口—土地城镇化非协调性问题的现实表现、问题渊源和解决措施，以此回应当前人口—土地城镇化非协调性发展的问题，促使人口—土地城镇化由非协调状态向协调发展的转换。

（二）研究的意义

1. 实现对人口—土地城镇化协调发展系统性研究

已有的关于人口—土地城镇化协调发展的研究往往基于某一方面，而较为系统化的研究相对较少，因此本书拟从人口—土地城镇化的发展水平测度、时空分异和协调性评价，以及人口—土地城镇化的非协调性发展原因、引致的危害及国际比较方面进行分析，并最终提出人口—土地城镇化协调性发展的政策建议。对人口—土地城镇化发展的协调性进行系统化、完整化地研究，可以拓展人口—土地城镇化协调发展研究的视野、深化研究的层次、推动人口—土地城镇化协调发展研究的进一步深入。

2. 减少土地资源的闲置和浪费、促使土地资源集约和高效利用

人口—土地城镇化发展过程中非协调性问题的重要外在表现就是土地资源的闲置、浪费与粗放利用。当土地城镇化发展过度而人口城镇化发展相对滞后时，土地城镇化发展由于缺乏人口的导入和产业经济的支撑，土地资源资金投入低下、利用效率低，未能充分发挥其生产要素的功能，这在当前我国人口较多而土地资源稀缺的现实情况下，无疑是一种巨大的资源浪费。因此基于人口—土地城镇化发展非协调性问题的分析，合理控制土地城镇化的规模与速度，推动土地城镇化与人口城镇化的协调发展，减少土地资源的闲置与低效利用，促使土地资源作为重要生产要素的价值可以充分表达，实现城镇化过程中我国土地资源节约、集约、高效、持续利用。

3. 减弱或者消除城镇化发展中出现的"城市病"问题

近年来在我国城镇化发展过程中，相继出现了城市交通拥堵、城市环境退化或恶化、"鬼城"与"空城"、城市空间拥挤等"城市病"问题，这些问题都可以从人口—土地城镇化的关系中得到解释。其一，城镇化发展中的交通拥堵问题是由于人口城镇化发展的区域不均衡导致，人口过多集中在城镇的某些区域，造成了部分区域交通超负荷运作；其二，城镇环境退化或恶化是由于人口城镇化发展超过了其承载能力，土地城镇化速度与质量未能满足人口城镇化的发展需求；其三，城镇化发展过程中出现的"鬼城"与"空城"问题是由于土地城镇化过度，而同时缺乏合理科学的人口导入机制，导致人口城镇化的滞后，其根源在于人口城镇化的制度壁垒、土地城镇化缺乏产业的支撑和社会保障房制度建设的缺位。因此研究和解决人口城镇化与土地城镇化在时间和空间发展过程中出现的非协调性问题，可以减弱或者消除城市环境退化或恶化、"鬼城"与"空城"等"城市病"问题，对于提高城镇环境质量、促进土地资源集约利用、保障城镇化的可持续发展，实现社会发展进步都具有重要意义。

4. 促使我国城镇化稳定、良性和持续发展，迈入高水平发展阶段

城镇化是一个综合、动态、发展的系统，人口—土地是城镇化的主导维度，人口—土地城镇化的协调发展关系到城镇化综合系统的稳定和良性发展。人口—土地城镇化发展的失衡会导致城镇化综合系统的失衡和发展停滞，影响我国城镇化发展的速度和质量。位于南美洲的巴西在20世纪50年代城镇化发展过程中出现的"贫民窟"问题便是人口—土地城镇化失衡的重要例证。因此，研究人口—土地城镇化发展的关系，发现人口—土地城镇化发展中出现的非协调问题，探寻人口—土地城镇化非协调性问题的经济、制度根源，从而校正人口—土地城镇化发展非协调性问题，保障城镇化综合系统的稳定和持续发展，促使我国城镇化发展早日迈入高水平发展阶段。

三、国内外研究动态与评述

（一）城镇化研究概述

城镇化作为一个社会结构变迁的历史发展过程，是改善经济社会活动、改革土地利用方式的过程，是社会、经济和政治发展的积极结果（Rimal，2011）[①]。世界城镇化起步和发展起始于18世纪的近代工业革命。18世纪60年代，英国43岁青年纺织工人詹姆斯·哈格里夫斯发明了"珍妮纺机"，标志了英国工业的开始。18世纪60年代是世界城镇化起步阶段，世界城镇化率为10%[②]，经过250多年的发展，目前世界城镇化率已经达到60%。当前，欧美等世界发达国家城镇化率已经超过80%，已经达到城镇化高水平发展阶段，城镇化基本已经完成。而中上等收入国家与中等收入国家城镇化率多处于50%~70%区间，正处于城镇化中期快速发展阶段。而低收入国家城镇化率仍然多徘徊在30%以下，城镇化发展缓慢。我国当前城镇化率为57.35%（国家统计局，

[①] Rimal, B. Urban Development and Land use Change of Main Nepalese Cities. Ph. D thesis. Submitted to the Faculty of Earth Science and Environmental Management, University of Wroclaw, 2011.

[②] 学术界一般认为10%为城镇化进程的起步阶段。

2017)，城镇化正处于中期快速发展阶段，是城镇化发展由中等水平向高水平发展的重要过渡阶段，中国城镇化问题为中外研究者所关注。经过文献检索发现，相关研究主要集中在城镇化概念与内涵、城镇化动力机制、城镇化社会与经济效应、城镇化战略与路径等领域，这些研究都为城镇化发展提供了重要的参考和借鉴。

1. 对城镇化概念与内涵的研究

"城镇化"一词源自"urbanization"，最早由西班牙工程师 A. Serda 在《城镇化基本理论》（A General Theory of Urbanization）（1867）一文中提出[①]。日本和中国台湾一般称之为"都市化"，我国学者在早期研究相关问题时，将"urbanization"译为"城市化"，目前官方口径一般称之为"城镇化"[②]，从"城镇化"与"城市化"的渊源来说，这两个概念基本等同。但是也有研究者认为"城镇化"与"城市化"概念不同，"城镇化"是"城市化"的广义化概念，原因是城镇包括了城市和建制镇，"城镇化"不仅关注大城市的"城市化"，也关注中小城镇的"城镇化"，可以将"城镇化"看作是"城市化"的概念扩展和认识的进步。目前还不能形成一个普遍认同的城镇化与城市化概念，本书认为"城镇化"与"城市化"概念基本一致。

人是城镇化的主体，早期的城镇化研究多关注人的城镇化，将城镇化内涵局限于人口的城镇化，忽视了城镇化的其他内涵。我们可以从常用的度量城镇化发展水平的指标"城镇化率"看到，研究者往往用人口城镇化率去代表城镇化率，用人口城镇化率分析测算城镇化的发展水平和阶段。人口城镇化是城镇化发展的重要维度，人口城镇化率直观、方便，也具有较强的科学性。但随着研究的深入，不少研究者开始认识到

---

① Ravbar M. Slovene cities and suburbs in transformation：Slovenska mesta in obmestja v preobrazbi. Geografski inštitut ZRC SAZU, 1997.

② 根据相关资料，"城镇化"第一次被官方首次采用是在 2000 年 10 月 11 日的"十五规划建议"中。在中共第十五届中央委员会第五次全体会议通过的《关于制定国民经济和社会发展第十个五年计划的建议》中，正式采用了"城镇化"一词，并用500多字阐述"积极稳妥地推进城镇化"方法与路径。

城镇化发展绝非只包括人口城镇化这个单一维度，而是一个综合的发展过程，于是有研究者基于城镇化主体和空间的考虑，将城镇化发展过程划分为人口城镇化与土地城镇化（陈凤桂、张虹鸥、吴旗韬等，2010；张光宏、崔许锋，2013）①②，人口城镇化是城镇化综合发展过程的主体、土地城镇化是空间，人口—土地城镇化是城镇化的主导内容。此外，还有研究者将经济发展也作为城镇化的一个维度，认为城镇化综合发展过程应该包括人口城镇化、土地城镇化和经济城镇化，还有研究者将社会发展进步从城镇化的其他维度中分离出来作为单独的一个维度，认为城镇化应该是一个"人口城镇化、土地城镇化、经济城镇化、社会城镇化"的综合过程（李鑫等，2012）③。

2. 对城镇化动力与效应的研究

城镇化的发展过程并非匀速、直线式增长，城镇化的发展在内生力与外生力的作用下呈现波动式的发展。早期研究一般认为是工业化驱动了城镇化的发展，继而有人将"经济增长"也纳入城镇化动力的范畴。我国著名社会学家、经济学家费孝通教授在《论小城镇建设》（2000）中对城镇化的内生动力进行了研究，内生动力是区域本身所固有的，是对城镇化发展特征、方向、规模起决定作用的各种自然和人文因素，他指出内生动力应该包括资源条件、地理区位、政府、企业与个人等。冯尚春（2004）基于马克思主义经济学理论，在梳理马克思主义经典作家思想的基础上，把城镇化动力归结为利益动力、产业动力和制度动力，认为城乡收入差距是农民向城镇转移的动力，地区收入差距是农民跨省流动的动力，农村发展是城镇化的基础产业动力，农村工业化是城镇化的主导产业动力，农村服务业发展是城镇化的后发产业动力，家庭联产

① 陈凤桂，张虹鸥，吴旗韬等. 我国人口城镇化与土地城镇化协调发展研究 [J]. 人文地理，2010（5）：53－58.

② 张光宏，崔许锋. 人口城镇化与城镇化用地关系研究——以江苏省为例 [J]. 中国人口科学，2013（5）：96－104.

③ 李鑫，李兴校，欧名豪. 江苏省城镇化发展协调度评价与地区差异分析 [J]. 人文地理，2012（3）：50－54.

承包责任制和市场经济体制是城镇化的制度动力①。欧向军等（2005）认为是"行政力、市场力、外部力和内源力"驱动了城镇化的发展，是城镇化发展的主要动力。其中，行政力是政府行政力量驱动下的城镇化发展，主要表现在政府直接投资、政府转移支付、公共服务建设、产业结构调整等；而市场力是市场通过"看不见的手"、通过市场自由竞争机制促使资源的优化配置，推动城镇化的发展；外部力主要是通过外资对城镇化发展的驱动；内源力是指乡村、乡镇或个人推动下的人口、产业、生活的城镇化②。

应该注意到的是金融发展也是推动城镇化发展的重要动力。一方面，金融服务通过存款贷款、资本市场、货币市场筹集社会闲置资金，提供给实体企业使用，促进企业扩大生产、技术创新，推动产业城镇化的发展；另一方面，金融服务业为广大居民提供丰富的金融产品和金融服务，推动居民合理投资理财，提高居民资本收益，促进了居民生活方式的城镇化。

在城镇化效应方面，研究主要集中在城镇化发展对经济与社会、耕地资源、城市环境等方面的影响。在城镇化的耕地资源影响效应方面，相关研究认为，人口城镇化对提升劳动力集约度和农业机械集约度均有显著影响，土地城镇化对耕地集约利用水平无显著影响③。在城镇化的经济效应方面，城镇化发展与经济增长在总体上呈现出显著的正向关系，城镇化可以为现代工业和服务业提供资本积累④，还可以为产业发展提供人力资源的支撑。另外，城镇化发展可以缩小城乡差距，推进城乡统筹发展，发展经济学家刘易斯从理论上论证过此观点，但是我国近

---

① 冯尚春. 中国农村城镇化动力研究［D］. 吉林大学，2004.

② 欧向军，甄峰，秦永东等. 区域城市化水平综合测度及其理想动力分析——以江苏省为例［J］. 地理研究，2008，27（5）：993-1002.

③ 柯新利，马才学. 城镇化对耕地集约利用影响的典型相关分析及其政策启示［J］. 中国土地科学，2013（11）：4-10.

④ Ranis G, Fei J C H. A theory of economic development. The American Economic Review, Vol. 51, No. 4（September 1961），pp. 533-565.

年来城乡收入差距却随着城镇化的发展逐渐增大，这是由于城镇化存在短期和长期效应，短期内城镇化发展可能会造成城乡收入差距的增大，但是从长期效应来看，城镇化发展最终可以缩小城乡收入差距，促进城乡协调发展①。另外，根据城镇化效应产生的结果可以将城镇化效应分为正向效应和负向效应，在享受城镇化发展带来经济增长和社会发展的同时，不能忽略城镇化发展引起的负向效应，如城镇化发展引致的"雾霾""鬼城""堵城"等现象的形成，交通拥挤、环境污染、生态破坏等诸多问题的产生②。

在当前城镇化的发展实践中，国家提出和实施了基于我国具体国情的新型城镇化战略，即在当前我国人口、资源与环境的约束下，实现城镇化的帕累托最优。新型城镇化在保障经济增长的同时，关注民生、环境、生态，追求平等、绿色、幸福、健康、集约的发展目标。新型城镇化要求避免走发达国家城镇化高能源消耗、高污染的城镇化路径，在城镇化过程实现资源节约、环境友好、生态文明的发展方式。走新型城镇化发展道路需要避免走入几个误区：其一，避免将城乡统筹发展简单理解为农村土地的非农化，从而导致农地资源的流失，威胁国家粮食安全从而制约城镇化的持续良性发展；其二，避免将城乡公共服务均等化理解为城乡公共服务同等化，由于我国农村人口众多的实际状况和地方政府财力的约束，实施公共服务均等化需要尊重区域差异有序地开展，使城乡居民享受相同的公共服务权利；其三，避免将低碳生活理解为拉闸限电③，低碳是一种生活理念，倡导在生活中尽量减少能源的消耗和废弃，特别是二氧化碳的排放，从而减弱城市生活对城市生态环境的破坏，不能因为低碳生活影响和扰乱正常的工作和生活，从而本末倒置；

---

① 吴先华. 城镇化、市民化与城乡收入差距关系的实证研究——基于山东省时间序列数据及面板数据的实证分析 [J]. 地理科学，2011，23（1）：68－73.

② 孙淑琴. 城镇化中的城市污染、失业与经济发展政策的效应 [J]. 中国人口·资源与环境，2014，24（7）：59－64.

③ 魏冶，修春亮，孙平军. 21 世纪以来中国城镇化动力机制分析 [J]. 地理研究，2013，32（9）：1679－1687.

其四，避免将土地集约利用简单地理解为提高土地容积率和建筑密度。土地集约利用是在可持续利用的前提下，科学编制区域土地利用规划，调整土地利用方式，以提高土地利用效率和效益。不同的发展阶段，不同区域的土地最适合的利用方式、容积率和建筑密度都不同，因此不能忽视经济发展的需要和土地的区位限制，过分追求高容积率和高建筑密度，影响土地资源的可持续利用。

3. 关于城镇化"主体维度"——人口城镇化的研究

人口城镇化是城镇化的主导方面和主体维度，当前对于城镇化的研究多着眼于人口城镇化的研究。人们在研究中普遍采用人口城镇化率去度量城镇化的发展水平和阶段。在一般情况下，城镇化率等同于人口城镇化率，即采用城镇人口占总人口的比重来测算人口城镇化率。以人口城镇化率度量城镇化发展水平和阶段不仅数据易获取、客观，而且具有科学性。

人口城镇化是指城镇吸纳农村人口，为他们提供教育、就业、社会福利等使之转化为城镇人口的过程[①]。人口城镇化发展应该包含人口城镇化质量和数量发展两个方面，也即是人口城镇化发展不仅是指农村人口在数量上向城镇转移和集聚[②]，而且还应包括农村人口生活水平、生活方式、心理素质等方面的城镇化。

新中国成立以来，特别是 1978 年改革开放以来，我国人口城镇化发展具有质和量的飞跃。1949 年中国人口城镇化率为 10.64%，到 1978 年改革开放之初也仅有 17.92%，而经过改革开放 30 多年后，2016 年达到 57.35%，改革开放后的 38 年间人口城镇化率增加了 39.43 个百分点，年均增长 1.03 个百分点，我国人口城镇化发展速度远远大于欧美发达国家。以人口城镇化率从 20% 提高到 40% 的时间段作比较，英国用

① 李力行. 中国的城市化水平：现状、挑战和应对 [J]. 浙江社会科学, 2010 (12)：27–34.

② 陈明星, 陆大道, 张华. 中国城市化水平的综合测度及其动力因子分析 [J]. 地理学报, 2009, 64 (4)：387–398.

了120年，法国用了100年、德国用了80年，美国用了40年，而我国仅经历了22年（1981年人口城镇化率为20.16%，2003年人口城镇化率为40.53%），我国人口城镇化速度大约是欧美国家平均速度的4倍[①]。从居民收入水平考察人口城镇化质量，1978年城镇居民家庭人均可支配收入仅有343.4元，而2016年则达到5 065.49元[②]，提高了14倍多。1978年，农村居民家庭人均纯收入为133.6元[③]，而2016年则升至2 142.54元[④]，提高了16倍多。以上对人口城镇化率和居民生活水平的对比分析，说明改革开放以来我国人口城镇化数量和质量都有很大的提升。

4. 关于城镇化"空间维度"——土地城镇化的研究

土地城镇化是城镇化发展的空间维度，即是土地利用条件由农村形态转变为城市形态的过程。土地城镇化发展包含城镇土地的空间扩展和利用效率的提高两个方面，体现在土地用途的转换和资本的积累，其内涵不仅包括城镇化建成区的空间扩展，还包括单位土地面积资本投入的增加和单位面积土地产出值的提高等。

我国对土地城镇化的研究是随着城镇化进程加快，导致农地资源的非农化速度加快从而影响耕地资源安全时出现的。"土地城镇化"一词在陆大道、姚士谋《关于遏制"冒进式"城镇化和空间失控的建议》的报告中较早出现，研究中提出土地城镇化概念，从而对比分析当前土地城镇化与人口城镇化速度，提出控制过快的土地城镇化发展。由此，土地城镇化的研究开始较多地进入到研究者的视野中，被广大研究者关注。

---

① 姚士谋，陆大道，王聪等．中国城镇化需要综合性的科学思维——探索适应中国国情的城镇化方式［J］. 地理研究，2011，30（11）：1947－1955.

② 以1978年价格为基础，经过平减后的相对数，即居民人均收入剔除了价格因素的影响。

③ 国家统计局数据显示，新中国成立之初农村居民人均可支配收入仅有44元。

④ 同上，以1978年价格为基础，经过平减后的相对数，即居民人均收入剔除了价格因素的影响。

在土地城镇化的测度上主要存在"显性指标法"与"综合指标法"，两者各有优势与劣势。综合指标法优点是可以根据土地城镇化的内涵选取指标，能较为完整地表达土地城镇化的内涵，其缺点是由于各层次评价指标量纲不同，如何进行归一化和如何科学确定指标的权重难以有一致的认识。显性指标法根据土地城镇化的显性特征，如建成区面积的扩张，选取显性指标表示土地城镇化的发展，优点是具有可比性、直观性、数据的易于获取性，消除了"综合指标法"指标权重和不同量纲带来的困扰。

在"显性指标法"测度土地城镇化方面，有人认为土地城镇化是土地条件由农村形态向城市形态转化的过程，以建成区面积占土地总面积的比重来度量土地城镇化水平。林坚（2009）采用城镇工矿用地面积占城乡建设用地的比重来测度土地城镇化水平①；在"综合指标法"测度土地城镇化方面，大部分学者从土地利用结构、土地利用效率、土地投入、土地产出等方面构建评价体系测度土地城镇化。例如吕萍等（2008）采用土地利用结构变化、土地利用景观变化、土地利用程度变化、土地资本投入变化、土地利用效益水平变化为土地城镇化内涵构建土地城镇化综合评价体系②，张光宏、崔许锋（2013）则认为，土地城镇化是指城镇化过程中土地利用条件由农村形态转变为城市形态的过程，侧重于城镇化的空间扩展和利用效率的提高，其内涵不仅包含城镇化建成区的空间扩展，还包含单位土地面积资本投入的增加，单位面积土地产出值的提高，从土地利用结构、土地投入水平、土地产出水平构建综合评价体系③。

国外关于土地城镇化的关注领域与国内不同，主要集中在土地用途

---

① 林坚. 中国城乡建设用地增长研究［D］. 北京大学，2007.

② 吕萍，周滔，张正峰等. 土地城市化及其度量指标体系的构建与应用［J］. 中国土地科学，2008，22（8）：24–28.

③ 张光宏，崔许锋. 人口城镇化与城镇化用地关系研究——以江苏省为例［J］. 中国人口科学，2013（5）：96–104.

管制、土地城镇化对生态系统与生物多样性的影响、土地城镇化与全球变暖、土地城镇化历史演变、土地利用变化与环境关系、土地城镇化过程中的农地流失等方面①~⑦。对比国内外土地城镇化研究的重点可以发现，对土地城镇化的研究与国家的具体发展阶段密切相关，国外经济发达国家城镇化已经处于后期完成阶段，在土地城镇化领域较多关注土地城镇化与生态环境关系，而我国当前正处于城镇化快速发展的阶段，土地城镇化的路径和绩效则是关注的重点。

(二) 关于人口—土地城镇化协调关系的研究

2300 多年前中国战国中期思想家、哲学家庄周（约前 369 ~ 前 286）提出"天人合一"的思想可以看作是对人口、土地城镇化关系的重要理论渊源，较早地探讨了人与自然的关系，强调了人与自然的和谐共处，良性互动，对当代人口、土地城镇化关系研究仍然具有理论指导意义。

18 世纪中叶 ~20 世纪初，欧美发达国家城镇化进入快速发展时期，由于各国经济水平、城镇化阶段不同，各国都根据本国的具体国情制定

① Van der Vlist M J. Land use planning in the Netherlands: finding a balance between rural development and protection of the environment. Landscape and urban planning, Vol. 41, No. 2 (1998), pp. 135 – 144.

② Brown D G, Johnson K M, Loveland T R, et al. Rural land-use trends in the conterminous United States, 1950 – 2000. Ecological Applications, Vol. 15, No. 6 (2005), pp. 1851 – 1863.

③ Kalnay E, Cai M. Impact of urbanization and land-use change on climate. Nature, Vol. 423, No. 6939 (2003), pp. 528 – 531.

④ Lambin E F, Meyfroidt P. Land use transitions: Socio-ecological feedback versus socio-economic change. Land use policy, Vol. 27, No. 2 (2010), pp. 108 – 118.

⑤ Alphan H. Land-use change and urbanization of Adana, Turkey. Land degradation & development, Vol. 14, No. 6 (2003), pp. 575 – 586.

⑥ Seto K C, Fragkias M. Quantifying spatiotemporal patterns of urban land-use change in four cities of China with time series landscape metrics. Landscape ecology, Vol. 20, No. 7 (2005), pp. 871 – 888.

⑦ Shoshany M, Goldshleger N. Land-use and population density changes in Israel—1950 to 1990: analysis of regional and local trends. Land Use Policy, Vol. 19, No. 2 (2002), pp. 123 – 133.

和采用了人口—土地城镇化协调性政策与措施，来协调土地城镇化与人口城镇化的关系。这些政策主要有避免低密度的土地城镇化扩张、促使紧凑发展、提供城镇就业培训、精明增长等（Alterman，1997；Bengston，Fletcher & Nelson，2004；Koomen，Dekkers & van Dijk，2008；Deilami & Kamruzzaman，2017）①~④。

我国城镇化起步相对较晚，新中国成立初期人口城镇化率为10.64%，可以认为是城镇化的起步阶段，但是改革开放之前由于计划经济体制等因素的制约，城镇化发展十分缓慢，人口—土地协调发展问题未显现，因此人口—土地的关系并没有引起大家注意。改革开放之初，经济处于恢复和发展时期，城镇化率依然处于30%以下的水平，是城镇化进程的低速发展阶段，这一阶段城镇化发展速度较改革开放前有所增长，发展速度依然不高，人口—土地协调发展问题有所呈现，但关注力度依然较弱。1996年以后我国人口城镇化率超过30%，城镇化进程迈入中低水平的快速发展阶段。这个时期伴随着城镇化进程的快速推进，城镇土地闲置浪费、城镇环境退化与恶化、农地资源非农化过度等问题凸显，因此人口—土地的协调发展引起了国内研究者的广泛关注，并进行了丰富的研究。

1. 对人口—土地城镇化水平的测度

对人口—土地城镇化水平的测度，可以根据采用的方法分为"综合指标法"和"显性指标法"，两个方法都各有优势和劣势，都为研究者

---

① Alterman R. The Challenge of Farmland Preservation：Lessons from a Six – Nation Comparison [J]. Journal of the American Planning Association, Vol. 63, No. 2 (1997)，pp. 220 – 243.

② Bengston D N, Fletcher J O, Nelson K C. Public policies for managing urban growth and protecting open space：policy instruments and lessons learned in the United States [J]. Landscape and Urban Planning, Vol. 69, No. 2 (2004)，pp. 271 – 286.

③ Koomen E, Dijk J D A T V. Open – space preservation in the Netherlands：planning, practice and prospects [J]. Land Use Policy, Vol. 25, No. 3 (2008)，pp. 361 – 377.

④ Deilami K, Kamruzzaman M. Modelling the urban heat island effect of smart growth policy scenarios in Brisbane [J]. Land Use Policy, 2017, 64：38 – 55.

所采用。综合指标法是根据人口、土地城镇化的内涵，分层次选取评价
指标，构建综合评价体系，对人口、土地城镇化进行测度。综合指标
法的指标权重的计算和选择、评价指标的选择、综合评价值的可比性
问题常常不能为大家所共识。但其优点也显而易见，"综合指标法"
能完整地表达人口、土地城镇化的内涵，在评价上更具全面性。"显
性指标法"是基于人口、土地城镇化发展的主导特征，选择主导的、
显性的指标对人口、土地城镇化发展水平进行测度。其优点是评价结
果可信度高、数据直观、评价结果具有可比性，消除了"综合指标
法"指标权重和不同量纲带来的困扰。但是"显性指标法"同样存在
不能忽略的劣势，即是"显性指标法"利用了人口、土地城镇化发展
的主导内涵，选择了显性的主导控制指标，而忽略了处于从属地位的
隐形控制指标。"显性指标法"在表达人口、土地城镇化发展的综合
内涵方面要劣于"综合指标法"，而在评价结果的可信度和可比性方
面要优于"综合指标法"。

利用"综合指标法"和"显性指标法"测度人口、土地城镇化，已
有较为丰富的研究。"综合指标法"测度人口、土地城镇化研究中，陈
凤桂等（2010）、李明月等（2012）、曹文莉等（2012）、张光宏和崔许
锋（2013）、李鑫等（2012）根据人口、土地城镇化发展的内涵，选取
表征人口、土地城镇化发展的评价指标体系，采用因子分析法、相关系
数法、熵值法、层次分析法、TOPSIS 法等，对人口、土地城镇化发展水
平和阶段进行测度和分析。

"显性指标法"测度人口、土地城镇化领域中，人们在工作和研究
中常用的"人口城镇化率"便是"显性指标法"的应用。"人口城镇化
率"是采用一个区域城镇人口与总人口比值来测度这个区域城镇化发展
水平和发展阶段，这个方法已经为世界范围普遍接受和采用，城镇化率
是世界各国在发布统计数据中的常规数据。关于土地城镇化的"显性指
标法"测度，至今未形成统一的认识。有人认为土地城镇化率应该是城
镇用地面积与城区面积之比，还有人采用城镇工矿用地面积占城乡建设

用地的比重来测度土地城镇化水平①。但是这些观点同样存在土地城镇化水平和人口城镇化水平不能对比衔接的问题。

2. 对人口—土地城镇化时空分异的研究

城镇化的时空分异一直是地理学、区域经济学研究的核心内容之一，已有不少相关的研究，主要集中在城镇化发展空间特征研究②~④、城镇化形成机理⑤、城镇化发展中心演变研究、城镇化用地的空间扩张模式⑥等。

例如，刘彦随等（2012）采用"地统计法""地理探索器法"等研究方法，分析了我国自1990年以来城镇化发展演变的时空特征及形成的机理，研究发现中国县域城镇化水平时空分异显著，北方边境县域与东部沿海县域城镇化水平较高，城镇化发展水平呈现出"人字形"的空间形态。在城市群发展方面，武汉城市圈、成渝城市群、关中—天水经济区县域城镇化发展较快，西南地区、青藏高原地区城镇化发展仍然滞后，还处于较低城镇化发展水平。2000年以来我国县域城镇化发展水平与发展速度差异性逐渐缩小，而陇海兰新线、长江沿线、北方边境、106国道、东部沿海县域城镇化差异明显。经济发展阶段、固定资产投资水平、离中心城市距离、二三产业发展水平、农民人均纯收入水平、城镇人口密度是影响县域城镇化空间分异的主要因素。

昝国江（2013）采用我国1999~2011年省域城镇化数据，对城镇化泡沫进行了测度并分析了其空间差异性，研究发现我国空间城镇化泡

---

① 林坚. 中国城乡建设用地增长研究 [D]. 北京大学，2007.

② 凌筱舒，王立，薛德升. 江西省县域城镇化水平测度及其分异研究 [J]. 人文地理，2014（3）：89-94.

③ 李雪梅，张小雷，杜宏茹. 新疆塔河流域城镇化空间格局演变及驱动因素 [J]. 地理研究，2011，30（2）：348-358.

④ 陈忠暖，高权，王帅. 中国省际城镇化综合水平及其空间分异 [J]. 经济地理，2014，34（6）.

⑤ 刘彦随，杨忍. 中国县域城镇化的空间特征与形成机理 [J]. 地理学报，2012，67（8）：1011-1020.

⑥ 祁燕. 基于遥感与GIS的北京市城镇化进程的动态研究 [D]. 北京林业大学，2009.

沫、环境城镇化泡沫和区域发展城镇化泡沫比较显著，人口城镇化泡沫、经济城镇化泡沫相对一般，公共服务城镇化泡沫最弱。城镇化泡沫存在区域差异，东部地区泡沫表现显著，中部稍次，西部未表现出显著的综合城镇化泡沫。[①]

陈忠暖等（2014）基于2012年我国31个省域的统计数据，采用因子分析法对我国各省域城镇化水平进行评价，并分析了省际城镇化水平的空间效应及其影响因素。研究结果发现，综合城镇化水平未呈现出显著的东部地区城镇化发展水平超前和西部城镇化发展滞后的特征，省域尺度上综合城镇化发展表现出明显的空间依赖性，采用空间计量模型计算结果表明城镇居民可支配收入、人均国内生产总值、万人拥有医疗机构床位数和人均社会固定资产投资额对综合城镇化水平具有显著的正向作用。

3. 对人口—土地城镇化的协调水平测度

对人口—土地城镇化的协调水平测度常用方法具有代表性的主要有：协调发展度法（陈凤桂，2010）、协调性指数法（范进等，2012）、相关和回归分析法（李明月等，2012）、协调系数法（曹文莉等，2012）、耦合分析法（张光宏、崔许锋，2013）、Logistic 回归模型（吴巍等，2013）等。

陈凤桂等[②]（2010）为了度量人口城镇化与土地城镇化的协调发展水平，采用协调发展度作为测度手段，计算方法如下：

$$C = \left\{ \frac{f(x) \times g(y)}{\left[\frac{f(x) + g(y)}{2} \right]^2} \right\}^k$$

$$T = \alpha \times f(x) + \beta \times g(y), D = \sqrt{C \times T}$$

---

① 昝国江. 我国城镇化泡沫测度及区域差异研究 [D]. 兰州大学, 2013.
② 陈凤桂, 张虹鸥, 吴旗韬等. 我国人口城镇化与土地城镇化协调发展研究 [J]. 人文地理, 2010 (5)：53 – 58.

其中，$f(x)$、$g(y)$ 代表两个变量，研究中具体是指人口城镇化函数与土地城镇化函数；C 为协调度，即两个变量的协调性水平；T 为发展度，即两个变量的综合发展水平；D 为协调发展度，即考虑了协调性程度的发展水平，根据 D 值与 T 值可以区分变量低水平发展阶段的协调性水平与高水平发展阶段的协调性水平；K 为调节系数，一般取值为 $K \geqslant 2$；α 和 β 分别为两个变量的权重系数，表示两个变量在综合发展系统中的重要程度。如果认为人口城镇化与土地城镇化在城镇化综合系统发展过程中同等重要，可以令 $\alpha = 0.5$、$\beta = 0.5$。

范进等[①]（2012）在分析人口城镇化与土地城镇化协调发展过程中，为了实现对人口、土地城镇化协调性的量化，构建了人口城镇化与土地城镇化两变量的协调评价模型：

$$C_{LT} = \left| (L + T)/\sqrt{2} \right| / \sqrt{L^2 + T^2}$$

其中，C_{LT} 为人口城镇化与土地城镇化发展的协调性指数；L 表示人口城镇化发展，用城镇人口增长率表示；T 表示土地城镇化发展，用城镇建成区的增长率表示。通过模型分析可以知道，$C_{LT} \in [0, 1]$，当 $C_{LT} \to 0$ 时，两个变量的协调性逐渐减弱，逐渐转化为失调状态；当 $C_{LT} \to 1$ 时，两个变量的系统性逐渐增强，两个变量呈现出良好的协调发展状态。这个模型在具体实践中的意义是，当两个变量呈现协调发展状态，L 与 T 符号相同且数值相等或者相近，这个时候 C_{LT} 值为 0 或者接近于 1；当两个变量呈现出相反的发展趋势，即两个变量符号相反，且绝对值相同或者相近，这个时候 C_{LT} 值为 0 或者接近于 0，两个变量呈现出显著的失调状态。当 C_{LT} 取值介于 0 和 1 之间时，人口城镇化与土地城镇化发展协调度越高、协调指数 C_{LT} 值越大。

---

① 范进，赵定涛. 土地城镇化与人口城镇化协调性测定及其影响因素 [J]. 经济学家，2012（5）：61-67.

曹文莉等[1]（2012），在参照已有研究的基础上，定义 3 个变量之间协调发展的协调系数 *CI* 为：

$$CI = \frac{x + y + z}{\sqrt{x^2 + y^2 + z^2}}$$

其中，x，y，z 代表三个变量；*CI* 代表 3 个变量之间协调发展的协调系数。$CI \in [1, 1.732]$，当 $x = y = z$ 时，*CI* 值最大，代表变量 x，y，z 协调性最高，当任何一个变量与其他变量差异性增长，将导致协调系数 *CI* 的值降低。其现实含义是只有变量 x，y，z 协调均衡发展，才能促使协调性系数 *CI* 的提高。

张光宏、崔许锋[2]（2013）在已有研究的基础上，根据数学中乘数效应与和效应的含义构建了多变量协调性评价模型。设 u_i（$i = 1, 2, \cdots, m$）表示需要评估协调性的 n 个变量或某综合系统的 n 个维度，那么多变量或者多维度协调性评价模型为：

$$C_n = \left\{ \prod_{i=1}^{n} u_i \bigg/ \left(\sum_{i=1}^{n} u_i/n \right)^n \right\}^{1/n}$$

其中，C_n 为 n 个变量或某综合系统的 n 个维度的协调度，表示评价模型中多变量的协调性水平。

当运用多变量协调性评价模型研究人口—土地城镇化协调性问题时，由于仅关注城镇化发展过程中的人口城镇化维度和土地城镇化维度，因此可将多变量协调性评价模型简化为双变量协调性评价模型，双变量协调性评价模型为：

$$C_2 = \left\{ (u_1 \times u_2) / \left[(u_1 + u_2)/2 \right]^2 \right\}^{1/2}$$

其中，C_2 即模型中的两个变量的协调度；u_1、u_2 分别为两个变量的发

① 曹文莉，张小林，潘义勇等. 发达地区人口、土地与经济城镇化协调发展度研究 [J]. 中国人口·资源与环境，2012，22（2）：141–146.
② 张光宏，崔许锋. 人口城镇化与城镇化用地关系研究——以江苏省为例 [J]. 中国人口科学，2013（5）：96–104.

展水平值。通过对模型的分析可以知道，双变量协调度评价模型中，协调度 $C_2 \in [0, 1]$，当 $C_2 \rightarrow 0$，表示两个变量的协调度减小，两个变量协调性较弱，也即是两个变量趋于失调。当 $C_2 \rightarrow 1$，表示两个变量协调度逐渐增大，两变量的协调性逐渐增强，两个变量趋于协调发展状态。

4. 对人口—土地城镇化协调发展关系的分析

Northam（1979）提出的城镇化发展"S"形曲线理论是对人口—土地城镇化发展协调关系的较早探索。Northam 提出的"S"形曲线理论认为，城镇化发展历程可以归纳为 3 个阶段，分别是城镇化发展缓慢的初始阶段、城镇化急剧上升的加速阶段和城镇化水平较高发展平缓的末期阶段，与之对应的人口城镇化率为小于30%区间、30%~70%区间、大于70%区间。在城镇化发展的不同阶段人口城镇化速度不同，对城镇空间的需求也不同，也即是说人口城镇化的不同发展阶段对土地城镇化发展的速度和规模的需求也不同，人口城镇化的发展需要与土地城镇化发展和谐一致，这样才能保障城镇化的健康协调发展。

国内学者通过我国人口城镇化与土地城镇化发展速度和规模的对比，普遍认为人口—土地城镇化发展存在非协调性问题，人口城镇化发展滞后和土地城镇化发展过度是主流的研究观点（陆大道等，2007；李力行，2010；胡存智，2013）[1]~[3]。但是部分学者通过对具体区域人口—土地城镇化关系的研究，认为当前部分区域仍然存在土地城镇化滞后的情况，如山区城市由于在城镇化发展过程中的自然资源禀赋的约束，这些区域土地城镇化呈现总体滞后状态，成为阻碍人口城镇化的障碍。也有学者通过对部分区域人口—土地城镇化关系的分析，认为人

---

① 陆大道，姚士谋，李国平等. 基于我国国情的城镇化过程综合分析 [J]. 经济地理，2007, 27（6）：883 – 887.

② 李力行. 中国的城市化水平：现状、挑战和应对 [J]. 浙江社会科学，2010（12）：27 – 34.

③ 胡存智：城镇化进程中的土地制度改革 [J]. 上海经济，2013（5）：10 – 11.

口—土地城镇化的协调发展在部分区域仍然存在（李明月、胡竹枝，2012）[①]。面对人口—土地城镇化关系分析的不同结论，张光宏等[②]（2013）认为人口—土地城镇化关系分析具有尺度敏感性，国家层面的人口—土地城镇化的协调性关系与地区层面、省域层面和县域层面不能等同，应该按照具体的尺度进行研究分析。

　　面对人口—土地城镇化发展中存在的非协调性问题，许多学者通过研究试图找到原因并提出解决的方法。有研究者认为，当前人口—土地城镇化的非协调发展根源在于土地利用和管制制度的缺陷，应该完善土地用途管制制度，基于人口城镇化的发展需求编制土地利用总体规划，合理控制土地城镇化发展速度，保障土地资源的集约利用。还有学者认为，当前人口—土地城镇化的非协调发展在于人口城镇化的发展滞后，改革城乡二元户籍制度壁垒、建立合理的人口导入机制才是关键（范进等，2012）。也有学者认为，当前土地征收过程中出现的失地农民问题也是人口—土地城镇化的非协调发展的原因之一，即失地农民失去土地又未能合理、及时地实现自身的城镇化（戴中亮，2010）[③]。一方面是农民自身所依赖的土地被征收转换为城镇化用地；另一方面农民自身却未能按时有序地实现市民化。这促使了人口—土地城镇化的错位，引致了人口—土地城镇化的非协调性问题的产生。Potts D 和 Mutambirwa C[④]（1990）的研究证明了这一点，Potts D 和 Mutambirwa C 通过研究发现，年龄大的和暂无固定工作的农村居民进入城市后，依然保持着和农村的联系，一旦无法满足城市生活的过高成

---

　　① 李明月，胡竹枝．广东省人口城市化与土地城市化速率比对［J］．城市问题，2012（4）：33 - 36.

　　② 张光宏，崔许锋．人口城镇化与城镇化用地关系研究——以江苏省为例［J］．中国人口科学，2013（5）：96 - 104.

　　③ 戴中亮．城市化与失地农民［J］．城市问题，2010（1）：96 - 101.

　　④ Potts D, Mutambirwa C. Rural-urban linkages in contemporary Harare：why migrants need their land［J］. Journal of Southern African Studies, Vol. 16, No. 4（1990），pp. 677 - 698.

本，他们将重新返回农村①。

（三）国内外研究的评述

国内外对人口—土地城镇化发展协调性的研究，开阔了人口—土地城镇化发展协调性研究的视野，深化了人口城镇化与土地城镇化的内涵，拓展了人口—土地城镇化协调发展的研究方法，但是仍然存在进一步研究的必要性。

1. 缺乏对人口—土地城镇化发展协调性的系统性研究

通过以上的文献综述可以知道，关于人口—土地城镇化协调性研究已有丰富的研究成果，但是较为系统的、完整的对人口—土地城镇化分析还相对较少。当前已有的人口—土地城镇化协调性研究往往基于人口—土地城镇化发展水平评价、人口—土地协调性水平评价、人口—土地非协调发展影响因素探究、人口—土地协调发展应对之策等一个方面或者几个方面进行研究，但是研究体系还相对缺乏系统化、整体化。

2. 较少关注人口—土地城镇化发展的空间匹配性

当前对人口—土地城镇化发展协调性的研究，往往着眼于人口城镇化与土地城镇化的发展速度和规模的协调性，这无疑不是人口—土地城镇化协调发展的完整内涵。在我们关注人口城镇化与土地城镇化在时间维度、发展速度和规模协调性的同时，也不应遗漏人口—土地城镇化在时间维度的"协调性"，即要注意人口—土地城镇化在空间上的匹配性。基于时间维度和空间维度的人口—土地城镇化协调发展才构成了人口—土地城镇化协调发展的完整内涵。

3. 从"主体—空间"视角研究城镇时空分异相对较少

已有的城镇化时空分异的研究开阔了研究的视野，为城镇化研究推

---

① Potts D, Mutambirwa C. Rural-urban linkages in contemporary Harare: why migrants need their land [J]. Journal of Southern African Studies, Vol. 16, No. 4 (1990), pp. 677 – 698.

进提供了丰富的借鉴，但仍存在进一步研究的空间，研究多基于人口城镇化的视角，而从"主体—空间"视角研究的相对较少。因此本书拟分别从人口城镇化维度与土地城镇化维度对城镇化时空分异进行研究，这对于加深城镇化时空分异研究也具有一定的价值。

四、研究的内容、方法与结构

（一）研究的主要内容

人口—土地城镇化发展协调性研究是一个多学科交叉的领域，研究的内容涉及人口学、地理学、经济学、管理学、社会学等，因此对于人口—土地城镇化发展协调性研究，拟以人口学、地理学、经济学和管理学等学科经典理论为基础，采用定性分析与定量分析相结合的方法进行研究，主要研究以下内容：

1. 人口—土地城镇化内涵的阐释

通过文献检索、整理和评述，从城镇化研究综述、人口城镇化研究综述、土地城镇化研究综述、人口—土地城镇化研究综述几个分类，归纳、整理、评述已有的人口—土地城镇化协调发展研究，掌握发展动态和趋势，提出进一步研究的方向。在文献综述的基础上，对比不同学科、领域对人口—土地城镇化内涵的阐释，从"主体"和"空间"两个维度对人口—土地城镇化内涵与人口—土地城镇化协调发展内涵进行阐释。

2. 人口—土地城镇化发展水平的测度及时空分异的研究

对比"综合指标法"和"显性指标法"对人口—土地城镇化发展水平测度的优势、劣势及差异性，实现对人口—土地城镇化发展水平的测度和评价。在科学测度人口—土地城镇化发展水平的基础上，分别从动态演变和空间格局两个维度来分析人口城镇化与土地城镇化的时空分异特征，主要关注人口城镇化与土地城镇化的阶段划分、动态演变、空间格局、地区对比、协同发展等领域。

3. 人口—土地城镇化发展协调性分析

为人口—土地城镇化协调发展注入空间匹配性要求，构建人口—土地城镇化时间维度协调性和空间维度匹配性评价方法，分析人口—土地城镇化在时间和空间上协调性的表现，探索国家层面、地区层面、省域层面协调性的空间差异性。

4. 人口—土地城镇化的非协调发展产生危害和影响因素的分析

人口—土地城镇化的非协调性发展会对社会、经济、环境和资源领域的发展产生阻碍和妨害，因此本书试图从以上几个领域分析人口—土地城镇化的非协调发展产生的危害，并从经济、制度等方面分析人口—土地城镇化的非协调发展产生的原因和根源，试图从完善制度、修复政策、调整经济发展方式入手，促使人口—土地城镇化的非协调发展状态向协调发展状态的迁移。

5. 人口—土地城镇化协调发展的政策建议

根据人口—土地城镇化的非协调发展产生危害和影响因素的分析，以从完善制度、修复政策、调整经济发展方式为工具和方法，促使人口—土地城镇化的非协调发展状态向协调发展状态的迁移，构建长期性人口—土地城镇化协调发展的制度与政策保障。

（二）研究采用的方法

对于研究内容 1（第一部分），充分利用学校丰富的电子与纸质文献资源，如馆藏的丰富纸质图书资源及 EBSCOhost 期刊全文数据库、Science Direct（Elsevier）数据库、Lexis Nexis 数据库、中国知网全文数据库、国务院发展研究中心信息网、人民大学复印报刊资料全文数据库、万方数据库等网上文献资源，查询人口—土地城镇化协调发展研究相关的文献，进行分类整理和文献综述。对于学校图书馆无法查询到的文献资料，作者多次到北京国家图书馆检索和补充，力求梳理研究的历史进展、跟踪人口—土地城镇化协调发展研究的最新动态、掌握完备的研究数据。另外，作者 2012 年以来一直关注人口—土地城镇化协调发展研究，已阅读和整理了不少相关研究文献并在《中国人口科学》《中国人口·资源与环境》等重要期刊发表了一些前期研究成果，这也为本书的研究提供了丰富的前期文献积累。

对于研究内容 2（第二部分），总结和分析已有的人口城镇化与土地城镇化发展水平评价方法，根据评价方法中指标体系的构成将评价方法分为"综合指标法"和"显性指标法"，比较两种方法的优势和劣势，阐述"综合指标法"和"显性指标法"在人口城镇化与土地城镇化发展水平评价中的差异性，并尝试分别采用"综合指标法"和"显性指标法"对人口城镇化与土地城镇化进行测度，对比两种方法在应用中的特征。在测度人口—土地城镇化发展水平的基础上，采用地理学时空分异的研究方法，从动态演变和空间格局两个维度来分析人口城镇化与土地城镇化的时空分异特征，主要包括人口城镇化与土地城镇化的阶段划分、空间格局、动态演变、地区对比、协同发展等方面。人口城镇化与土地城镇化的阶段划分主要根据人口、土地城镇化的增长速度的区间差异性与经济社会发展的节点，在相同或相近经济社会发展体制并具有相同或相近增长速度的人口、土地城镇化发展进程划分为一个阶段，然后分阶段进行论述。对于人口城镇化与土地城镇化的空间格局研究，采用 GIS 手段将人口、土地城镇化发展图形化，描述人口城镇化与土地城镇化发展状态和发展阶段，然后采用变异系数模型、Getis-Ord Gi* 模型等对东、中、西部地区的差异性特征进行判断，得出中国人口、土地城镇化发展的特征。人口城镇化与土地城镇化的动态演变，采用地理学常用的空间分析方法，选取若干等距时间节点，结合 GIS 技术将人口城镇化与土地城镇化发展的空间特征图形化，进而分析人口、土地城镇化发展在不同历史发展阶段的特征，按照时间脉络阐述人口、土地城镇化发展趋势。人口、土地城镇化发展的地区对比就是根据我国东部、中部和西部的划分，对三大地区人口、土地城镇化的空间分布、空间差异性、空间协同性进行分析，并归纳出我国人口、土地城镇化发展的地区性特征。

对于研究内容3（第三部分），人口—土地城镇化发展协调性分析将从时间维度和空间维度分别展开，分别研究人口—土地城镇化增长的协调性和空间布局上的匹配。在增长协调性方面，根据人口城镇化与土地城镇化的发展速度，采用偏移度法和系统性评价模型对两者的协调性进行测定和判断。在空间维度匹配性的研究方面，采用空间匹配性模型，分析省域人口—土地城镇化匹配性的强弱，及其在东部、中部和西部地区表现出的不同特征。

对于研究内容4（第四部分），对人口—土地城镇化的非协调发展产生危害，在研究方法上主要是文献检索和实地调研。一方面，查阅近几年关于人口—土地城镇化的非协调发展负向效应的最新研究成果，进行分析思考并归纳总结；另一方面，通过实地调研，获取人口—土地城镇化的非协调发展产生危害的一手资源和直观印象。实地调研方面主要是借助导师在土地利用总体规划过程的调研机会，通过走访、观察、记录的方式获取资料。在人口—土地城镇化的非协调发展引致危害分析的基础上，从经济、制度等方面分析人口—土地城镇化的非协调发展产生的原因。

对于研究内容5（第五部分），根据人口—土地城镇化发展非协调性的时空表现，结合人口—土地城镇化非协调发展产生危害和影响因素，采用经济学、管理学研究工具，从调节土地城镇化发展速度和规模、建立合理的人口导入机制、保障城镇化可持续发展三方面入手，以完善制度、修复政策、调整经济发展方式为工具和方法，促使人口—土地城镇化的非协调发展状态向协调发展状态的迁移，构建长期性人口—土地城镇化协调发展的制度与政策保障。

（三）研究的技术路线

研究的基本思路是：

第一，从当前人口—土地城镇化协调发展所引致的种种社会现实问题引入人口—土地城镇化协调发展的主题，然后分析当前城镇化发展的特征和困境，并指出实现人口城镇化与土地城镇化协调发展的研究目的，阐明减少土地资源的闲置和浪费、促使土地资源集约和高效利用、减弱或者消除城镇化发展出现的"城市病"问题，最终实现促使我国城镇化稳定、良性和持续发展，迈入高水平发展阶段的重要意义。进而根据研究的内容，检索和整理人口—土地城镇化协调发展相关研究文献资料，对国内外研究进行综述和评述，并指出研究的方向。

第二，分析研究的基本概念和基础，对研究中所采用的人口—土地城镇化、协调发展等重要的概念进行界定，并提出研究所基于的理论基础。

第三，对人口城镇化和土地城镇化的时间演变和空间格局进行研究。人口—土地城镇化在时空分异研究的基础上，分别基于时间和空间的维度对人口—土地城镇化协调性和空间匹配性进行分析，发现人口—土地城镇化发展协调性问题的特点。

第四，从经济、制度等方面分析人口—土地城镇化的非协调发展产生的原因和根源，并从社会与经济领域、资源与环境领域分析人口—土地城镇化的非协调发展产生现实危害。

第五，根据人口—土地城镇化的非协调发展产生危害和影响因素分析的研究，从制度层面、市场层面和管理层面，以完善制度、修复政策、调整经济发展方式为工具和方法，调节和优化人口—土地城镇化的协调性状态，构建长期性人口—土地城镇化协调发展的制度与政策保障。

研究的技术路线见图 0 - 3。

（四）研究的结构安排

本书开篇是绪论，分析当前城镇化发展过程中人口城镇化呈现加速增长趋势、城镇化发展中三次产业结构失衡、大城市的崛起与城市群的发育等重要特征以及耕地资源约束等困境，并结合土地资源闲置浪费、

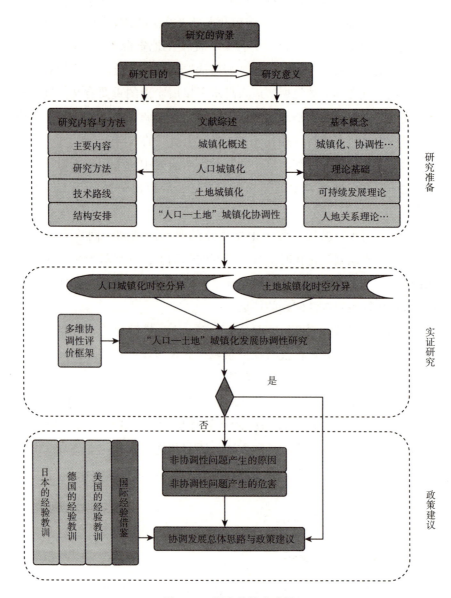

图 0 - 3　研究的技术路线

部分城镇空间拥挤和城镇生态环境退化问题提出人口—土地城镇化发展的协调性问题。然后阐述研究的目的和意义，研究目的是通过协调性问题现实表现、问题渊源、解决措施的研究，回应当前人口—土地城镇化的非协调性发展问题，促使人口—土地城镇化由非协调状态向协调发展的转换。进而对国内外人口—土地城镇化发展的协调性研究文献进行综述，在借鉴已有研究的基础上，评述已有研究的进展和本书研究的空间，确定研究的内容、方法、技术路线，对本书的研究结构进行安排。最后提出可能的创新之处。

第一章基本概念与理论框架。对一个问题的分析，首先要对基本概念进行界定，即对概念的内涵和外延进行界定。因此第一章首先对本书研究的基本概念进行界定和分析，阐明本书研究的理论基础。研究需要界定的主要概念有人口城镇化、土地城镇化、协调与发展、时空分异，然后构建理论框架，即以资源稀缺理论为研究的前提和基础，提出人口—土地城镇化协调发展的客观需求，以空间分析理论、系统耦合理论、人地关系理论为研究工具，分析人口—土地城镇化协调性的现实表现，进而以制度分析、产权理论为依据分析非协调问题产生的原因，最后以可持续理论、绿色发展理论为指导从制度层面、市场层面、管理层面构建人口—土地城镇化协调发展的政策建议。

第二章人口城镇化的时空分异分析。主要从"时间和空间"两个维度对人口城镇化的动态演变和空间格局进行分析。时间维度研究从中国人口城镇化历史发展阶段分析和中国人口城镇化格局动态演变分析两个方面展开。空间维度的研究主要是关注当前我国人口城镇化发展水平空间分异、人口城镇化空间集聚水平空间分异和人口城镇化水平地区差异。

第三章土地城镇化的时空分异分析。和人口城镇化时空分异的研究结构相似，也主要从"时间和空间"两个维度对土地城镇化的动态演变和空间格局进行分析。时间维度研究从中国土地城镇化历史发展阶段分析和中国土地城镇化格局动态演变分析两个方面展开。空间维度研究主要包括我国土地城镇化发育水平、土地城镇化集约水平、土地城镇化扩展潜力等。

第四章人口—土地城镇化发展协调性分析。本章内容主要包括两个部分，即基于时间维度的人口—土地城镇化发展协调性研究和基于空间维度的人口—土地城镇化发展空间匹配性研究。人口—土地城镇化发展协调性研究主要从发展速度的协调性和发展水平的协调性展开，人口—土地城镇化发展空间匹配性研究主要关注人口—土地城镇化发展规模的匹配性和发展水平的匹配性。

第五章是人口—土地城镇化非协调性问题产生原因及现实危害。首先，在第四章人口—土地城镇化发展协调性分析的基础上，从经济和制度等方面分析人口—土地城镇化的非协调发展产生的原因和根源，继而论述非协调发展问题在社会与经济领域、环境和资源领域所产生的现实危害。

第六章主要发达国家人口—土地城镇化协调发展经验借鉴。主要分析美国、德国和日本人口—土地城镇化发展的特征及协调发展的经验和存在的问题教训，从而借鉴这些发达国家在城镇化发展过程中优秀的成功经验，避免走发达国家在城镇化过程中的弯路。

第七章人口—土地城镇化协调发展目标思路与政策建议。根据人口—土地城镇化的非协调发展产生危害和影响因素的分析，以完善制度、修复政策、规划引导、调整经济发展方式为工具和方法，促使人口—土地城镇化的非协调发展状态向协调发展状态的迁移，构建长期性人口—土地城镇化协调发展的制度与政策保障。

最后是结论与展望。主要基于以上几章的分析研究，对人口—土地城镇化协调发展研究的主要结论进行总结深化，并分析研究存在的局限性与不足之处，指出下一步研究的方向，力求在以后的研究中完善和解决。

五、可能的创新之处

由于我国城镇化起步相对较晚，而欧美发达城镇化国家早在 18 世纪 60 年代就已经起步并开始关注城镇化研究的发展，因此国外城镇化研究比较丰富，为我国城镇化发展提供了丰富且有益的借鉴。通过对国内外人口—土地城镇化协调发展研究文献的查阅和分析发现，国外研究比较重视城镇化发展与生态环境保护、城镇化发展与经济增长的关系、城镇规模分布等，国内主要关注城镇化发展的内涵与特征、影响因素、问题与措施和战略与路径等，对于人口—土地城镇化研究相对比较少，已有的人口—土地城镇化的协调性关系研究则多基于某个层面，而缺乏整体、系统的研究。因此，鉴于以上的分析，人口—土地城镇化的协调性关系研究仍存在进一步研究的必要性。本书试图从以下三个方面有所创新。

（一）对人口—土地城镇化的协调发展进行系统性、完整性研究

通过以上的文献评述可以知道，关于人口—土地城镇化协调性研究已有丰富的研究成果，但是较为系统的、完整的对人口—土地城镇化分析还相对较少，尚缺乏对人口—土地城镇化发展协调性的系统性研究。因此，本书拟从人口—土地城镇化的发展水平测度、时空分异和协调性评价，以及人口—土地城镇化的非协调性发展引致的危害、原因分析方面对人口—土地城镇化发展的协调性进行系统研究，并从制度、市场、管理视角提出人口—土地城镇化协调发展的政策建议，促使人口—土地城镇化发展由非协调状态向协调状态的变迁。

（二）构建人口—土地城镇化协调性多维评价框架

已有对人口—土地城镇化发展协调性的研究，主要是从人口城镇化与土地城镇化发展水平的协调性角度进行分析，而城镇化协调发展内涵显示人口—土地城镇化协调性绝非单一的内涵，其应该包含速度的一致性、发展水平的协调性、空间的匹配性和区域的均衡性四个方面。因此，本书构建了多维协调性评价框架，分别从速度的一致性、发展水平的协调性、空间的匹配性和区域的均衡性四个维度实现对我国人口—土

地城镇化协调发展的研究，从而深化人口—土地城镇化协调发展的内涵，推动协调发展研究的不断深入。

（三）对土地城镇化空间维度的空间格局与时间维度的动态演变的研究

当前城镇化研究集中于人口城镇化方面，对土地城镇化的研究相对较少，而在土地城镇化研究领域中关于土地城镇化时空分异研究也鲜有涉及。因此，本书将土地城镇化作为研究的重要部分，先分析其在时间维度的动态发展演变，而后分析当前其在空间维度的格局，包括城区土地城镇化水平格局、土地城镇化扩张潜力空间分析、建成区土地集约利用水平空间分析。

小　　结

绪论部分，是研究的准备和研究的总纲。通过对当前城镇化发展过程中人口城镇化进入快速增长时期、城镇化发展中三次产业结构失衡、大城市的崛起与城市群的发育特征分析，以及耕地资源安全形势严峻、"土地财政"问题突出等困境的阐述，提出实现人口—土地城镇化协调发展的研究目的，并阐述研究的意义：（1）实现对人口—土地城镇化协调发展系统性研究；（2）减少土地资源的闲置和浪费，促使土地资源集约和高效利用；（3）减弱或者消除城镇化发展出现的"城市病"问题；（4）促使我国城镇化稳定、良性和持续发展，迈入高水平发展阶段。继而从城镇化、人口—土地城镇化协调发展两个方面进行文献的综述，提出研究的必要性，然后确定研究的内容和采用的研究方法，制订研究技术路线并对全书进行结构安排。

第一章 基本概念与理论框架

第一节 主要概念界定

本书研究"人口—土地"城镇化发展协调性问题，需要先对人口—土地城镇化、协调性、时空分异等相关概念和内涵进行界定，为后续研究提供基础理论支撑。

一、协调发展

(一) 协调发展概念

"协调"一词在《辞海》中的释义为"配合得当、和谐一致"，语出明代冯梦龙（1574～1646）的《东周列国志》第47回"凤声与箫声，唱和如一，宫商协调，喤喤盈耳"。协调是多种要素相互配合达到良好的状态。在系统学的视角下，协调是系统内部子系统或者要素关系的重要表征，协调体现了系统的存在活力、发展潜力与适应性，良好协调性的系统其子系统应具有合作、互动、同步的特征①。如果系统内部各组成要素或者子系统配合得当、和谐统一就能使系统充满生机，推动系统健康向前

---

① 马永红. 区域创新系统与区域经济发展协调度评价模型构建 [J]. 经济问题探索，2008 (5)：39－41.

发展；反之，如果系统内部子系统失调、不能良好配合，就会导致系统丧失活力，发展停滞，引起系统的衰退。协调发展，即以协调促发展。

（二）协调发展的特征

城镇化综合发展系统是一个综合的系统，包含了人口—土地两个维度，人口城镇化与土地城镇化的协调性关系决定着系统的健康和持续，因此人口城镇化与土地城镇化相互作用过程中的合作、互动、协同对于城镇化综合系统的发展至关重要，影响着城镇化发展的方向、发展潜力和存在的状态。根据系统协调理论，人口—土地城镇化发展系统应该具有以下几个特征。

其一，人口—土地城镇化发展的动态性。系统的运动变化状态是系统在一定的因素作用或者驱动下从非协调状态变换到协调状态的前提，人口—土地城镇化发展系统无疑也是一个动态发展的系统，其在政策或者制度工具的调整下可以不断调整自身的运行状态，从非协调性状态变迁到协调性状态。因此实现人口—土地城镇化的协调发展，首先需要保持人口—土地城镇化运动状态，也即人口—土地城镇化需要保持活力、保持发展变化，这样我们采取各种政策工具调节人口—土地城镇化发展状态才具有有效性。

其二，人口—土地城镇化发展的交互性。交互性是指要素之间或者子系统之间的依存与反馈作用的特征。具体到人口—土地城镇化发展的交互性，就是人口城镇化与土地城镇化的相互作用和相互反馈。一方面，人口城镇化的发展产生了对城镇空间的客观需求，在已有城镇用地空间的约束下，随着人口的增长会促使城镇土地价格的上升，城镇土地价格的提升导致土地所有者和利用者更趋向于使较多的土地实现城镇化，即非城镇用地转化为城镇土地，从而推动了土地城镇化的发展。另一方面，土地城镇化的发展为城镇化提供了更多的土地生产要素和发展空间，随着土地城镇化的增长，城镇土地空间增大，城镇地价将逐渐降低，城镇土地作为重要的生产要素，其价格的降低会促使非农产业的成本和住房成本的下降，从而吸引更多人口向城镇迁移的集聚，最终拉动人口的城镇化发展。

其三，人口—土地城镇化发展同步性。同步性是指人口城镇化与土地城镇化发展速度和规模应该呈现和谐一致的状态，如果人口城镇化与土地城镇化发展存在方向的不一致或者速度的不协调，就会导致城镇化综合系统的失衡。系统的失衡会导致构成系统的要素的效率得不到充分发挥，具体到人口—土地城镇化发展中，就是人口城镇化增长和土地城镇化增长在推动经济、社会进步等方面不能发挥其应有的功效，造成生产要素或者资源的浪费，不能实现系统绩效的最优化。

二、人口—土地城镇化

（一）城镇化

城镇化作为一个综合的自然、历史过程，不同的学科基于不同的视角对城镇化的内涵有不同的理解：

——地理学界认为，城镇化是"人口向城市地域集中和乡村地域转化为城市地域的过程"①，包含人口的地域迁移和城镇用地的空间扩展；

——人口学界认为，城镇化是农村人口向城镇集聚、转换为城镇人口的过程，包含城镇人口数量的提升和人们生活方式、生活水平、心理素质的城镇化转变；

——经济学界认为，城镇化是经济形态由乡村形态向城镇形态的转变，非农产业和非农经济的发展是其重要特征；

——政治学界认为，城镇化是政治体制的完善和政治文明的提升。

综合来讲，城镇化是一个综合的自然和历史过程，是人口、地域、自然、社会、经济的关系和模式由农村形态向城市形态转化的过程②。

---

① 参见《中国大百科全书·地理卷》。

② 黄丹，徐邓耀. 基于SPSS的人口增长与土地城市化关系分析研究——以南充市区为例[J]. 重庆与世界，2011，28（1）：76-78.

根据城镇化的社会和自然属性，可以分为人口城镇化与土地城镇化，其中人口是城镇化的主体、土地是城镇化的空间，人口城镇化与土地城镇化是城镇化的主导维度，代表了城镇化最核心的方面。人口城镇化与土地城镇化发展的协调性关系决定了城镇化综合系统功能的发挥与发展的潜力，制约着城镇化综合系统的健康发展。人口城镇化与土地城镇化在职能上有所分工，在功能上是互为补充，在利益上互惠，因此要把人口—土地城镇化作为一个整体研究，从人口—土地城镇化的视角研究问题，避免人口城镇化与土地城镇化分割独立带来的问题。鉴于人口城镇化与土地城镇化的紧密关系，本书参考地理学中地理事物协同演变的研究方法，以人口—土地城镇化的整体观点研究人口城镇化与土地城镇化协调性发展问题。

城镇化不能简单地等同于人口城镇化。人口是城镇化发展的主体，人口城镇化是城镇化发展的主导维度之一，是指乡村人口向城镇迁移和集聚的过程，其内涵上不仅限于乡村人口从空间上向城镇化的迁移，还包括伴随着空间的迁移、乡村人口的生活方式、生活水平、心理素质等方面向城镇状态变迁。人口城镇化的发生和发展是产业集中的结果，源于产业革命的发生，伴随非农产业的兴起和非农产业向城镇集聚，城镇可以提供比乡村更多的就业机会和更优质的生活条件，这无疑将吸引乡村人口向城镇的靠拢和集聚。

（二）人口城镇化

经过以上分析，我们已经知道"人口城镇化"不能简单地等同于"城镇化"。人口城镇化仅是城镇化综合系统发展中的一个重要维度，侧重于乡村人口向城镇集聚过程，其表现是城镇人口的增加和城镇数量的增长。而城镇化内涵要更为丰富，城镇化是一个综合的自然历史过程，是基于规模经济和居住生活条件等因素考虑，分散的劳动力及生产要素不断向城镇集聚的过程，"人口城镇化"与"城镇化"存在一定的区别。

但是毫无疑问人口城镇化与城镇化关系非常紧密，"人"是城镇化

的主体，城镇人口的变动是城镇化最为重要的方面，人口城镇化水平是
衡量城镇化的基本尺度，因此一般采用人口城镇化率衡量城镇化发展水
平。当前我国国家统计局发布的"城镇化率"测算方法为：

$$Urbanization\_rate = \frac{Urban\_pop}{Total\_pop} \qquad\qquad (1-1)$$

其中，$Urbanization\_rate$ 为城镇化率，$Urban\_pop$ 是城镇人口数量，$Total\_pop$ 为总人口数。需要注意的是城镇人口 $Urban\_pop$ 采用的是城镇常住人口，而非户籍人口。所谓常住人口就是在城镇居住满 6 个月以上的这部分人群，包括一次性居住满 6 个月和一年累计在城镇居住满 6 个月，这些人口均被统计为城镇常住人口，这种统计的概念和口径也是与国际上的其他国家相一致的。如 2013 年我国城镇化率为 53.73%，采用的就是城镇常住人口 7.3 亿人与总人口 13.6 亿人的比值。

采用"城镇常住人口"的口径统计城镇人口，保持了与国际上通用统计方法的接轨，但是由于我国独特的城乡二元户籍制度与欧美等国家有较大的不同，对人口城镇化水平的测度还需要进一步细化。根据相关统计数据，2013 年中国 7.3 亿城镇人口中含有大约 2 亿人口居住在城镇但未获得城镇户籍，不能享受与城镇户籍人口同等的就业、医疗、教育、社会保障等福利，这部分人一般可以称为"城镇非户籍人口"。为了与国家统计口径中的"人口城镇化率"相区别，我们称城镇户籍人口与总人口之间的比值为"户籍人口城镇化率"，据相关测算中国户籍城镇化率目前大约仅为 36%[①]左右，即当前户籍城镇化率要落后于常住人口城镇化率 18 个百分点左右。户籍城镇化率可以显示一个国家或地区人口市民化的程度。

人口城镇化是城镇化的主体，是城镇化的主导维度之一，离开了人的城镇化，城镇化发展就失去了内容；同样，没有土地承载，城镇化也

---

① 中共中央，国务院. 国家新型城镇化规划（2014—2020 年）［EB/OL］. http：//www. gov. cn，2014.

将无所依托。土地作为城镇化综合系统发展的空间支撑，是城镇化发展的空间维度。土地城镇化是指土地利用形态由乡村利用方式向城镇利用方式转变，表现在城镇用地的空间扩展和土地利用效率的不断提升，土地用途的转换和资本的积累是土地城镇化发展的重要标志。因此，土地城镇化内涵不仅包括城镇化建成区的空间扩展，还包括单位土地面积资本投入的增加、单位面积土地产出的提高等。

（三）土地城镇化

土地城镇化不同城镇土地扩张和农地非农化。首先，土地城镇化不同于城镇土地扩张，城镇土地扩张仅指城镇土地面积的增大和空间延伸，而土地城镇化不仅包含了城镇土地空间的扩展，还包含了土地利用方式的转换与利用效率的提高。其次，土地城镇化也不同于农地非农化，农地非农化是指农地资源转变用途变为非农用地的过程，根据《土地管理法》对土地的分类，土地可以分为建设用地、农用地和未利用地，所以农地非农化后，并不一定转化为城镇用地，可能转化为农村建设用地或者未利用地。土地城镇化与农地非农化地类转换对比见图 1 – 1。

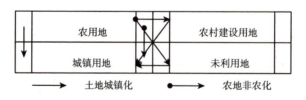

图 1 – 1 土地城镇化与农地非农化比较

对土地城镇化的测度，目前尚未形成一种比较为大家认可的方法，有研究者采用过以下两种方法对土地城镇化进行测度。第一种方法是基于城镇用地存量状态的城镇化测度，即：

$$Land\_Urbanization\_rate_i = \frac{New\_built\_up\_area_i}{Built\_up\_area_i} \qquad (1-2)$$

其中，$Land\_Urbanization\_rate_i$ 代表土地城镇化发展速度，$New\_built\_up\_area_i$ 代表新增建成区面积，$Built\_up\_area_i$ 代表建成区面积。式（1-2）的含义是，采用新增建成区面积与建成区总面积的比值测度土地城镇化速度。

第二种测算方法是以土地城镇化的增长速度表征土地城镇化，计算公式为：

$$Land\_urbanization\_rate_i = \frac{New\_built\_up\_area_i}{Built\_up\_area_{i-1}} - 1 \qquad (1-3)$$

其中，$Land\_Urbanization\_rate_i$ 为第 i 年的土地城镇化增长速度，$New\_built\_up\_area_i$ 为第 i 的新增建成区面积，$Built\_up\_area_{i-1}$ 为第 $i-1$ 年的建成区面积。第一种测算方法是以土地城镇化的状态测度土地城镇化，而第二种测算方法是以土地城镇化的速度测度土地城镇化。

三、时空分异

（一）时空分异概念界定

"分异"即分布上的变化规律和特征，"时空"即时间和空间维度，"时空分异"一词即是在时间、空间两个维度上的变化规律及存在特征。"时空分异"多见于地理学、区域经济经济学、旅游管理、产业经济学等研究领域，是研究事物发展变化和存在状态的重要方法。时空分异有3个显著特征，分别为"一致性"特征、"差异性"特征和"规律性"特征。"一致性"特征是事物在某个方面表现出的一致性、均质性特点，而"差异性"特征是事物在另一方面表现出的差异性、异质性的特征。如在时间维度，人口、土地城镇化发展在某个时间区间内表现出一致性的特征，而不同时间区间则表现出差异性特征；同样在空间维度，人口、土地城镇化发展在某个区域内表现出一致性性、均质性特征，而不同区域间则表现出差异性、异质性特征。时空分异"一致性"与"差异性"的存在必然含有一定的规律，即时空分异的"规律性"特征，规律性是时空分异研究的客观前提和意义所在。

人口—土地城镇化时空分异是指时间和空间维度城镇化在一个方向上的一致性特征，在另一个方向上的差异性与规律性特征，通过对人口—土地城镇化时空分异的研究可以发现人口城镇化与土地城镇化的分布规律、特征以及差异，是研究人口—土地城镇化发展的协调性问题的重要前提和依据。

同时，人口—土地城镇化时空分异也是一种现象，在时间分异方面，在人口—土地城镇化发展的历程中，不同的时间范围表现出不同的发展速度、状态和特征，整个人口—土地城镇化发展演变可以形成若干发展区间，在发展区间内部有着一致的发展速度、状态和特征，而在不同发展区间之间则存在较大的差异性。在空间分异方面，人口—土地城镇化发展在不同空间表现出不同的特征，整个区域形成若干相对隔离的区域，相对隔离的区域内部城镇化发展具有一致的发展速度、状态和特征，而相对隔离的区域之间则具有较大的差异性。

（二）我国地区的划分

在空间分异研究中，主要基于全国、地区、省域尺度开展研究，"全国"是指中国全域，"省域"是指北京、上海、天津、重庆4个直辖市与河北、河南、山东、山西、江西、台湾等23个省，以及内蒙古、新疆、宁夏、广西、西藏5个自治区和中国香港、中国澳门2个特别行政区。由于数据可获得性原因，研究暂不包括中国香港、中国澳门和中国台湾。

关于中国地区的划分，政府部门和研究者根据自己工作或者研究的需要，采用了多种不同的划分方法，例如，具有代表性的有两大分区法"北方地区和南方地区"，经济学与管理学研究上的三大分区法"东部地区、中部地区和西部地区"，《中国统计年鉴》上的四大分区法"东部地区、中部地区、西部地区和东北地区"及七大地理分区法"华东地区、华南地区、华北地区、华中地区、西南地区、西北地区、东北地区"等。

最常见的是根据自然条件、地理风貌、农业生产方式、生活习惯将中国划分为"北方地区和南方地区",划分的界线为"秦岭—淮河"一线,也就是我们常说的中国南北地理分界线。"秦岭—淮河"以北的大部分地区,冬季树木落叶,河流和湖泊结冰,年降水量较少且分布不均,多集中在夏季,易在夏季形成汛期;与之不同的是在秦岭—淮河以南的大部分地区,冬季河流湖泊不结冰,树木不落叶、四季常青,降雨量丰富且汛期较长。在农业生产方面,南方北方差异性也较大,北方耕地为旱地,主要作物为小麦和杂粮,多为两年三熟或者一年两熟,南方主要耕地类型为水田,主要种植水稻、甘蔗、茶叶等亚热带作物,一般为一年两熟或一年三熟。

在目前经济管理学领域的研究中,三大分区方法也被广泛采用,即将全国划分为"东部地区、中部地区和西部地区",具体包含的区域如下:

——东部地区包括北京、天津、上海、河北、山东、辽宁、江苏、浙江、福建、广东、海南11个省及直辖市;

——中部地区包括黑龙江、吉林、山西、安徽、江西、河南、湖北、湖南8个省;

——西部地区包括内蒙古、陕西、甘肃、青海、四川、重庆、贵州、广西、云南、宁夏、新疆、西藏12个省、自治区和直辖市。

需要注意的是,当前对我国东部地区、中部地区和西部地区的划分未包括中国香港、中国澳门和中国台湾,这三个地区经济社会发展具有特殊性故被单列。三大分区法较好地反映出中国地区经济社会的差异性,便于研究和分析,因此在本书人口—土地城镇化发展空间分异的研究中也将采用三大分区法,在研究中将省、自治区、直辖市统称为省域。

另外还有四大分区法,即"东部地区、中部地区、西部地区和东北地区"，具体包含的区域如下：

——东部地区包括：北京市、天津市、上海市、河北省、山东省、江苏省、浙江省、福建省、广东省和海南省10省和直辖市；

——中部地区包括：山西省、安徽省、江西省、河南省、湖北省和湖南省6个省；

——西部地区包括：内蒙古自治区、陕西省、广西壮族自治区、重庆市、四川省、贵州省、云南省、甘肃省、青海省、宁夏回族自治区和新疆维吾尔自治区、西藏自治区12省、自治区和直辖市；

——东北地区包括：辽宁省、吉林省和黑龙江省3个省。

四大分区法主要被国家统计所采用，如在国家统计局编写的《中国统计年鉴》上就是采用这种分类方法，该分区方法不包含中国香港、中国澳门、中国台湾。

除了四大分区，在中国地理分区中常见的还有七大分区法，即将我国划分为"华东地区、华南地区、华北地区、华中地区、西南地区、西北地区和东北地区"，具体包含的区域如下：

——华东地区包括江苏省、浙江省、山东省、安徽省、江西省、福建省、上海市、台湾地区8个省份和直辖市；

——华南地区包括广东省（含东沙群岛）、广西壮族自治区、海南省（含南海诸岛）、香港和澳门特别行政区2个省、1个自治区和2个特别行政区；

——华北包括北京市、天津市、河北省、山西省和内蒙古自治区的部分地区；

——华中地区包括河南省、湖北省、湖南省3个省；

——东北地区包括辽宁省、吉林省、黑龙江省，或说东北四省区（包括内蒙古东部）；

——西南地区包括四川省、云南省、贵州省、重庆市、西藏自治区的大部以及陕西省南部（陕南地区）；

——西北地区包括宁夏回族自治区、新疆维吾尔自治区、青海省、陕西省、甘肃省，即2个自治区和3个省。

第二节　研究框架与理论基础

一、研究的框架

(一) 研究的总体框架

本书的理论框架按照理论研究的逻辑顺序依次归纳为前提、表现、渊源、体系构建4个层次。以资源稀缺理论为研究的前提和基础，提出人口—土地城镇化协调发展的客观需求，以空间分析理论、环境库兹涅茨曲线理论、系统耦合理论分析人口—土地城镇化时空分异和协调性现实表现，进而以经济效率、产业发展理论为依据分析非协调问题产生的原因，最后以人地关系理论中人地"协调论"为指导思想、以可持续发展为发展目标、绿色发展为发展模式，从制度层面、市场层面、管理层面构建人口—土地城镇化协调发展的政策建议（见图1-2）。

(二) 多维协调性评价框架

基于协调发展的内涵，人口—土地城镇化协调发展主要包含四个维度，分别为速度的一致性、发展水平的协调性、空间的匹配性和区域的均衡性。见图1-3。

1. 增长速度的一致性

增长速度的一致性是指在一定的时间段内人口城镇化的增长速度与土地城镇化的增长速度相一致。土地城镇化发展过快将导致人口城镇化导入不足，造成土地资源的闲置浪费；如果土地城镇化发展滞后，将阻碍人口城镇化的良性发展，造成城镇空间拥挤、环境恶化。

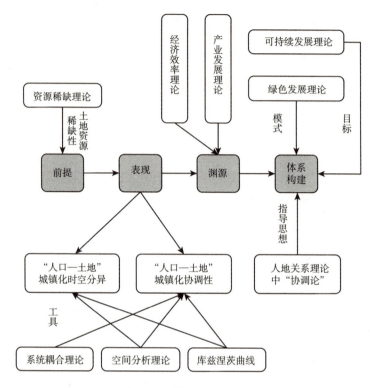

图1-2 研究的理论框架

图1-3 人口—土地城镇化协调发展的目标

2. 发展水平的协调性

发展水平的协调性是在一定的区域内，人口城镇化发展水平与土地城镇化发展水平相一致。如果人口城镇化水平高于土地城镇化发展水平就是土地城镇化滞后型，如果人口城镇化水平低于土地城镇化水平就是土地城镇化过度型或者人口城镇化滞后型。

3. 空间的匹配性

空间的匹配性是指在一定的区域内城镇人口与城镇土地的匹配程度，可以由城镇人口与城镇土地在空间上的疏密程度对比来刻画。具体可以通过构建人口—土地城镇化发展空间匹配性评价方程来描述：

$$M\_pop\_land_i = \left(Pop_i / \sum_{i=1}^{n} Pop_i \right) * \left(Land_i / \sum_{i=1}^{n} Land_i \right)^{-1} - 1$$

$$(1-4)$$

其中，$M\_pop\_land_i$ 为第 i 个区域的空间失配度，Pop_i、$Land_i$ 为第 i 个区域的城镇人口与城镇土地的评价值。$M\_pop\_land_i$ 的绝对值大小显示了城镇人口与城镇土地在空间上的匹配性程度。对空间匹配模型分析可以知道，$abs(M\_pop\_land_i) \in [0, +\infty)$，当 $abs(M\_pop\_land_i) \rightarrow \infty$ 时，人口城镇化与土地城镇化的空间匹配性趋向于减弱，也即是该区域城镇人口与城镇土地在空间维度呈现非协调性状态；当 $abs(M\_pop\_land_i) \rightarrow 0$ 时，表明该区域城镇人口与城镇土地的空间匹配性趋向于增强，该区域城镇人口与城镇土地在空间维度呈现较为良好的协调状态。

4. 区域的均衡性

区域的均衡性是指人口城镇化、土地城镇化区域间的一致性程度和协同发展状态。我国当前人口城镇化，区域的均衡性主要采用人口城镇化与土地城镇化的时空分异方法进行分析。

（三）多维协调性评价框架与研究内容的关系

研究内容是围绕协调发展评价框架展开的，包括第二章人口城镇化时空分异分析、第三章土地城镇化的时空分异分析、第四章人口—土地城镇化发展协调性分析。其中，人口城镇化时空分异分析与土地城镇化时空分异分析是基于人口—土地城镇化"区域均衡性"的维度分析，人口—土地城镇化发展协调性分析中的增长速度一致性分析、空间匹配性分析、发展水平的协调性分析分别是基于速度一致性、空间匹配性、水平协调性的维度分析，见图1-4。

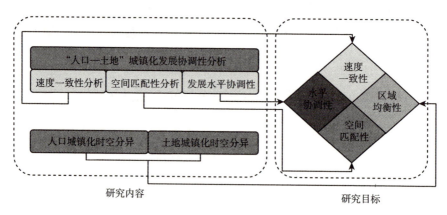

图1-4 协调性多维评价框架与研究内容的关系

二、研究的理论基础

（一）资源稀缺理论是研究的出发点

资源稀缺理论是经济学研究的基本命题，是人口—土地城镇化协调发展研究的前提和基本出发点。土地是城镇化发展的空间支撑，但地球面积具有有限性，保障城镇化良性持续发展必须考虑到土地资源的稀缺性。土地城镇化发展的资源稀缺性表现在耕地资源的稀缺性和城镇用地资源的稀缺性方面。城镇用地可以由农地资源转换，而农地资源具有用途转换的不可逆性或者弱可逆性，因此农地资源的稀缺性无疑是我们研究的基本出发点：在当前有限的农地资源条件下，实现人口—土地城镇化的协调发展，避免土地城镇化过度和土地低效率利用、威胁国家粮食安全。

回顾资源稀缺理论的产生和发展可以知道资源的稀缺性是经济学第一原则，一切的经济学原理都基于这条原则。1798 年 32 岁的马尔萨斯（Thomas Robert Malthus）发表了著名的《人口学原理》，在该书中作者指出人口是几何级数增长，而生产资料是按照算数级数增长，如果不加以控制势必造成饥饿与战争，因此作者呼吁控制人口出生率。马尔萨斯悲观地认为人类对自然资源的需求将会超过大自然的供给，人类可能到达无资源可用的地步。马尔萨斯的局限性在于没有考虑到社会和技术的进步。1817 年经济学家大卫·李嘉图否认了资源的绝对稀缺，而是认为资源稀缺是相对的，由于资源稀缺性的存在会对人口和经济的发展产生约束，会致使人口和资本停滞增长。1848 年经济学家约翰·斯图亚特·穆勒（John Stuart Mill）在其出版的《政治经济学原理》中认为，资源的稀缺效应会在自然资源极限到来之前出现，但社会发展和科学技术进步会扩展这个极限，并且可以无限期地加以推迟。

20 世纪以后，伴随新古典经济学派的兴起，研究者对资源稀缺理论的研究重心开始转移，马歇尔和庇古等新古典学派代表人物认为各种对自然资源利用的研究，不能简单着眼于稀缺性的研究，他们提出了市场资源配置的原理。此后在资源与环境研究的领域逐渐淡化了关于资源的稀缺论古典主义悲观论调，努力研究和探索资源优化配置的实现路径。稀缺理论经历了一个盲目悲观到面对现实谋求有限的资源合理配置的过程。我们应该认识到资源的稀缺性，谋求合理、高效的方法利用资源。

由于地球表面积的有限性及环境承载力要求，以及耕地资源肥力及气候、光热条件要求导致了耕地资源的稀缺性。耕地资源的稀缺性问题也是导致耕地安全问题产生的根本原因之一，是我们力求实现人口—土地城镇协调发展的、避免资源浪费的重要原因。我国国土总面积 960 万平方公里，地形错综复杂，已开发土地占土地总面积的 16.7%，而耕地仅占 13.2%，人均耕地 0.12 公顷（第二次全国土地调查数据为 0.101 公顷），不到世界人均值的 0.27 公顷的 1/2[①]，随着我国城市化进程加快，耕地资源流失非常严重，据统计 1951～1986 年全国累计流失耕地资源 4 073 万公顷，除去开荒等方式补充耕地资源 2 513 万公顷，净减少耕地数量为 1 560 万公顷，耕地流失非常严重。

（二）人地关系理论中"协调论"是人口—土地城镇化协调发展的指导思想

人地关系理论是人们对人地关系认识的理论概括，它随着人类对自然环境的作用和人类主观能动性的发展而发展。人地关系是人与地理环境之间关系的一种简称，是指人类社会的生存与发展或人类活动与地理环境之间的关系，这里的地理环境指自然环境与人文环境交织结合而成的地理环境整体（吴传钧，1991）[②]。人地关系理论的发展源自人类对自然环境的不断探索，在其发展的历史过程中先后经历了地理环境决定论、可能论、适应论、生态论、文化景观论、生产关系决定论、唯意志论、环境感应论、文化决定论、协调论的发展阶段，不同阶段的发展都具有历史局限性，但是它们推动了人地关系理论的研究，同时具有重要的意义。

目前广为大家接受的人地关系理论是"协调论"，协调是指各种物质运动过程中，内部的各部分、因素、要素在组成一个整体协调一致性时的一种关系和属性，表现为对称性、一致性、有序性的特点。协调不能等同于"调和"，不是取消事物的差异性，而是对立之中的统一、差异之中的一致[③]。土地城镇化与人口城镇化的发展也需要遵循协调的原则，不仅土地城镇化的发展需要与人口城镇化的发展需要相互协调，而

---

① 吕贻峰. 国土资源学 [M]. 北京：中国地质大学出版社，2001.

② 吴传钧. 论地理学的研究核心——人地关系地域系统 [J]. 经济地理，2015（3）：7 - 12.

③ 陈慧琳. 人文地理学（第二版）[M]. 北京：科学出版社，2007.

且，人口—土地城镇化的发展需要与国家经济、社会的发展相协调。在现实发展过程不要盲目追求经济快速增长，而忽略了自然的规律，从而带来严重的不良后果。

（三）空间分析理论、系统耦合理论是研究人口—土地城镇化时空分异的重要工具

为了对人口—土地城镇化协调性表现进行研究，以空间区位理论为基础，全局空间自相关模型、Getis-Ord Gi* 模型、空间差异性为研究工具，对人口—土地城镇化时空分异进行研究，以系统耦合理论、空间匹配性模型为工具对人口—土地城镇化协调性进行测度。

区位理论是解释人类活动分布原理及规律的基本理论，其诞生于19世纪二三十年代，1836年杜能发表的《孤立国同农业和国民经济的关系》标志着区位理论（农业区位论）的诞生。继杜能之后，韦伯1909年出版了《论工业的区位》标志着工业区位的产生。20世纪30年代德国地理学家克里斯塔勒又提出了中心地理论（即城市区位论）。几年后德国经济学家廖什从市场的角度分析了城市区位问题，提出了市场区位论。随着对区位理论的深入研究，20世纪中叶以后先后出现了行为区位论、结构主义区位论、以生产方式为主的区位论、以非完全竞争市场为主的区位论。其中，杜能的农业区位论主要内容是：农业的用地类型与集约化程度不仅取决于土地的自然特征，更受当地经济状况和生产力水平决定，尤其是农业生产地到农产品消费地的距离。耕地资源主要与农业区位理论关系密切，耕地资源利用状况受区位影响很大，如城市周围耕地资源多种植蔬菜、配置花卉，逐渐形成蔬菜种植、花卉园艺基地，这样提高了耕地资源利用效率，对实现耕地布局安全有重要意义。

在研究人口—土地城镇化时空分异方面，采用全局空间自相关模型和 Getis-Ord Gi* 模型进行研究。全局空间自相关模型主要通过构造出

Moran's I 指数①②来判断空间数据的状态模式，是集聚模式、离散模式还是随机模式。

$$Moran's\ I = \frac{\sum\limits_{i=1}^{n}\sum\limits_{j=1}^{n}W_{ij}(Y_i - \overline{Y})(Y_j - \overline{Y})}{S^2\sum\limits_{i=1}^{n}\sum\limits_{j=1}^{n}W_{ij}} \tag{1-5}$$

$$S^2 = \frac{1}{n}\sum\limits_{i=1}^{n}(Y_i - \overline{Y}), \overline{Y} = \frac{1}{n}\sum\limits_{i=1}^{n}Y_i$$

其中，Y_i 表示第 i 个地区的观测值（建设用地利用效率、农用地利用效率、土地利用综合效率）；n 为区域数；W_{ij} 为邻近空间权值矩阵，表示其中任意一个空间对象与其他空间对象的空间邻近关系。W_{ij} 的测算可以采用 EUCLIDEAN 距离或 MANHATTAN 距离等，本书中采用的是 EUCLIDEAN 距离。

如果 Moran's I 指数值为正，则表明观测值的空间布局为集聚模式；如果为负，则表明观测值的空间布局为离散模式；如果为 0，则表示是随机模式。Moran's I 的显著性，即空间布局模式的显著性采用 z 得分和 p 值来检验。z 得分是标准差的倍数，如 z 得分为 +2.5，则表示是 2.5 倍的标准差。p 为显著性水平。一般情况下我们认为，当 p < 0.05 时，拒绝原假设，接受备择假设空间布局模式显著，此时置信度达到 95% 以上。

Getis-Ord Gi* 模型③与全局空间自相关模型相比，其是一种局域空间自相关模型，是用来识别具有统计显著性的高值（热点）和低值（冷

---

① Bivand R，Müller W G，Reder M. Power calculations for global and local Moran's I. Computational Statistics & Data Analysis，Vol. 53，No. 8（2009），pp. 2859 - 2872.

② 黄飞飞，张小林，余华等. 基于空间自相关的江苏省县域经济实力空间差异研究 [J]. 人文地理，2009（2）：84 - 89.

③ Anselin L. Local indicators of spatial association—LISA. Geographical analysis，Vol. 27，No. 2（1995），pp. 93 - 115.

点）的空间聚类分析工具[1][2]。具有统计学意义上显著的热点需要具备两个条件，一是观测值自身具有高值；二是周围相邻的要素也要同时具有高值。冷点则相反。其基本原理是将观测值及其相邻要素的局部总和与所有要素的总和进行比较，当局部总和与所预期的局部总和有较大差异、无法成为随机产生的结果时，就得出一个具有显著统计意义的 Gi^* 得分，即 z 得分。其数学原理是：

$$G_i^* = \frac{\sum_{j=1}^{n} w_{i,j}x_j - \bar{x}\sum_{j=1}^{n} w_{i,j}}{s\sqrt{\frac{\left[n\sum_{j=1}^{n} w_{i,j}^2 - \left(\sum_{j=1}^{n} w_{i,j}\right)^2\right]}{n-1}}} \qquad (1-6)$$

其中，x_j 是要素 j 的属性值，w_{ij} 是要素 i 和 j 之间的空间权重，n 为要素总数。

$$\bar{x} = \frac{\sum_{j=1}^{n} x_j}{n}, s = \sqrt{\frac{\sum_{j=1}^{n} x_j^2}{n} - (\bar{x})^2}$$

对于通过具有显著性检验，即具有显著统计学意义上的 z 得分，if z > 0，z 得分越高，高值（热点）的聚类就越紧密；if z < 0，z 得分越低，低值（冷点）的聚类就越紧密；if z→0，则表示不存在明显的空间聚类。

（四）以系统耦合理论研究人口—土地城镇化发展协调性

"耦合"源于物理学概念，原指两个或两个以上的电路组件或电路

① Bump J K, Peterson R O, Vucetich J A. Wolves modulate soil nutrient heterogeneity and foliar nitrogen by configuring the distribution of ungulate carcasses. Ecology, Vol. 90, No. 11 （2009）, pp. 3159 – 3167.

② Hinman S E, Blackburn J K, Curtis A. Spatial and temporal structure of typhoid outbreaks in Washington, DC, 1906 – 1909: evaluating local clustering with the Gi* statistic. International Journal of Health Geographics, Vol. 5, No. 1 （2006）, pp. 13.

系统的输入与输出之间存在紧密配合与相互影响以保障能量良好持续传输，一般认为耦合是系统内各层次、各子系统、各要素的结构和功能的相融，系统之间物质、能量流动的稳态。经常应用在通信工程、机械工程、软件工程等领域。

在系统学研究中，一般是指两个系统之间的合作、互动、同步，通过配合使得综合系统充满活力、具有发展潜力和良好的适应性。从管理角度看，耦合是围绕组织发展目标，对组织整体中各种活动的相互联系加以调节，促使这些活动有机组织在一起，减少矛盾，相互协调，促使组织目标的实现。从系统角度看，耦合是系统之间或者系统组成要素之间在发展演化过程中彼此和谐一致，耦合是实现可持续发展的手段，可持续发展是协调的目标。

耦合关系的外在表现是系统的"协调"程度，协调即"和谐一致、配合得当"，它描述了系统内各层次、要素之间良好的相互关系。由于系统总是处于运动变化的状态，组成系统的各要素也处于不断变化调整的过程中，一般采用耦合度来评价系统与系统之间或者系统内部各要素之间的协调状态的优劣。耦合度是一个状态评价值，具有时间的属性，目标是求系统整体的最优。因此描述一个系统的耦合度可以定义为组成系统的各子系统或者要素之间彼此和谐一致的程度。耦合性应包括系统与系统之间及系统内部要素之间的协调。根据耦合水平从低到高可以将系统协调程度划分为"严重失衡型、轻度失衡型、均衡过渡型、初级均衡型、良好均衡型"，并努力实现从低耦合水平的失衡性向高耦合水平的协调性过渡。

城镇化是一个综合的动态发展的系统，人口城镇化与土地城镇化子系统的耦合关系，决定了系统的功能发挥与发展的潜力，制约着城镇化系统的健康发展。人口城镇化与土地城镇化在职能上有所分工，在功能上是互为补充、在利益上是互惠互利的，因此要把人口、土地城镇化作为一个整体研究，从人口—土地城镇化的视角研究问题，克服分割、独立带来的问题。如果人口城镇化过度而土地城镇化滞后，则会导致城市空间拥挤、环境超载与环境质量恶化；如果土地城镇化过度而人口城镇化相对滞后，则会导致土地空置与低效利用，造成土地资源的浪费。因此，"人口—土地城镇化"应该和谐统一，避免人口、土地城镇化的独立、分割发展。耦合水平具有空间继承性和发展的动态性。某一时间的失调状态会对下一期的耦合状态产生影响，如果不能及时调整优化，就会为下期所继承。由于动态性的存在，通过一定的措施和手段可以促使失调的人口—土地城镇化关系调整为协调状态。

（五）环境库兹涅茨曲线理论是土地资源消耗与经济发展关系的理论支撑

1955 年 Simon Kuznets 在其论文《经济增长与收入不平等》（*Economic growth and income inequality*）[1] 中从发展经济学的视角对 18 个国家人均财富增长与人均财富分配关系进行了研究，认为在经济发展初期，随着人均财富的增长，收入差距会不断增大，随着经济进一步发展，经历短暂的稳定后，收入差距就会出现拐点，而后随着人均财富的增长，收入差距会逐渐减小。这就是著名的库兹涅茨倒"U"形曲线。而后库兹涅茨倒"U"形曲线被引入到环境研究领域，美国经济学家 Grossman 和 Krueger（1991）实证研究了资源环境质量与人均收入之间的关系[2]，得出了"污染在低收入水平上随人均 GDP 增加而上升，高收入水平上随 GDP 增长而下降"的结论，证实了库兹涅茨倒"U"形曲线规律在资源环境领域的存在。随后 Grossman 和 Krueger 在 1994 年的《经济增长与环境》（*Economic Growth and the Environment*）[3] 一文中通过对人均收入水平和多个环境指标关系的研究，得出并不存在随着经济增长出现环境

---

① Kuznets S. Economic growth and income inequality [J]. The American economic review, Vol. 45, No. 1（1955）, pp. 1 – 28.

② Grossman G M, Krueger A B. Environmental impacts of a North American free trade agreement [R]. National Bureau of Economic Research, 1991.

③ Grossman G M, Krueger A B. Economic growth and the environment [R]. National Bureau of Economic Research, 1994.

恶化的现象，随着经济的一进步增长反而会导致环境质量的改善，不同环境污染物的拐点不同，在多数情况下拐点出现在人均收入 8 000 美元之前。Panayotou（1996）借用库兹涅茨界定的人均收入与收入不均等之间的倒 "U" 形曲线，并首次将环境质量与人均收入之间的关系称为环境库兹涅茨曲线（Environmental Kuznets Curve，EKC），环境库兹涅茨曲线认为在经济发展的初始阶段，环境质量开始随着收入增加而退化，而当经济发展到一定的水平后，环境质量会随收入增加而改善，即环境质量与收入的发展演变呈现出倒 "U" 形关系。

那么土地作为一种重要资源和经济增长之间也呈现出库兹涅茨倒 "U" 形曲线的关系。在经济发展的初期，城镇化对土地资源的消耗会随着经济的不断增长而提高，等经济发展到一定水平后，土地资源的消耗会随着经济的增长而减少。其原因在于经济发展初期，土地的经济价值较低，土地利用效率往往被忽视，且在技术层面约束下也难以实现高集约土地利用方式，因此土地资源利用粗放，单位经济增长消耗土地资源较大；随着经济发展，土地资源稀缺性进一步凸显，在较高土地价值的约束下，土地的集约利用开始为人们所关注，而且技术的进步为高土地集约利用提供了技术的支持，在集约利用的需求和技术进步的支持下，土地资源的利用也更加的合理和集约，单位经济增长消耗土地资源将减少。

（六）可持续发展是人口—土地城镇化协调发展的目标

可持续发展理论的发展源于人类对自身所处环境的关切。1962 年美国生物学家卡逊出版了《寂静的春天》，引起了人们的共鸣，唤起了人们对于环境的关切，从而形成了以环境保护为主要内容的可持续发展的萌芽。1970 年美国麻省理工学院麦多斯教授与他人合作出版了《增长的极限》一书，认为由于人口的增长引起粮食需求的增长，经济的增长将引起不可再生自然资源耗竭速度的加快和污染程度的加深，并预测在 2100 年到来之前，人类社会将崩溃。1972 年 6 月，联合国在瑞典斯德哥尔摩召开的人类环境会议上发布了《人类环境宣言》，形成了可持续发展理论的雏形。1980 年世界自然保护同盟等组织制定和颁布的《世界自然保护大纲》，明确提出了可持续发展思想。

随着时间的推移，人们越来越认识到可持续发展的重要性，1987年，世界环境发展委员会（WECD）发布了《我们共同的未来》报告，在该报告中首次对可持续发展的内涵进行了界定和充分的阐述，构建了较为完整的可持续发展理论体系。

1987 年，世界环境与发展委员会将可持续发展定义为"既满足当代人需求，又不损害后代满足其需求能力的发展"。1991 年，国际生态学联合会与国际生物科学联合会又从自然的角度将可持续发展定义为："保护和加强环境系统的更新能力"，同年世界自然保护同盟、联合国环境规划署、世界野生动物基金会基于社会的层面又将可持续发展定义为："生存于不超出生态系统涵容能力的情况下，改善人类的生活品质"。

综合上述定义不难发现，可持续发展有三个基本点：一要以保护自然为基础，发展必须要在自然承载力范围内，经济增长必须与环境、资源的承载相协调；二是以经济发展为目标，人类社会问题的解决必须依靠发展，经济的发展不仅要量的发展也要同时关注质的发展；三是要以改善和提高人类生活品质为目的，可持续发展要体现人文关怀，改善人类生活的品质。

基于可持续发展的理念，我们在研究人口、土地城镇化关系问题时必须应该注意的是，首先，城镇化的发展的终极目标是实现经济社会的持续发展，人口城镇化与土地城镇化良好互动状态的判断要以是否能保障社会的可持续发展为重要标准；其次，合理处理人口、土地城镇化之间的关系不能忽视生态安全，注意土地的人口承载力的评价，合理利用土地，避免土地过度利用与土地闲置浪费。

（七）"绿色发展"是人口—土地城镇化协调发展的模式

1989 年英国环境经济学家皮尔斯等人发表了著作《绿色经济蓝图》，这可以看作是绿色发展理论研究的开始。在该文中，皮尔斯等人强调对经济发展必须以生态和资源可承受能力为前提，不能因为盲目追求经济增长而导致生态环境恶化和资源的枯竭，他们主张经济发展应从生态、资源约束以及资源可持续利用出发，构建"可承受经济"，力求实现经济发展和环境保护的统一，从而最终实现可持续发展的目标。

绿色发展理论是对传统发展理念的反思，是一种应对当前全球经济发展过程普遍出现的生态退化和环境质量下降等问题的一种新的发展模式和理念。绿色发展之中的"绿色"是与红色（社会主义）、蓝色（资本主义）相区别的新的发展模式和理念。[1] 从绿色发展的内涵看，绿色发展是面对当前传统发展模式中出现的环境生态问题，基于传统发展模式反思基础上的一种发展模式创新。绿色发展是基于生态环境和资源可承载的约束下，将生态环境保护作为发展的前提和支撑的一种新的发展模式。21 世纪以来，随着城镇化、工业化的发展，伴随着世界各国在环境领域出现的气候变暖、臭氧层空洞、城市环境恶化等问题，各国开始关注绿色发展和采纳绿色发展的理念和模式，力求以新的发展模式应对环境和发展的压力，促使经济的可持续增长。

耕地作为一种稀缺资源，具有有限的环境承载能力，且具有不可逆性，因此在城镇化发展过程中，需要保护和利用耕地资源，避免耕地资源的过度非农化。首先在土地利用过程中保证耕地资源的数量和质量稳定，避免掠夺式的使用，保障其生态安全。其次在耕地资源安全的基础上，实现经济的增长，不能以牺牲耕地资源安全和环境为代价换取经济和城镇化的发展。

本章小结

理论基础是研究的立足点和基础支撑，对理论基础的分析和论述可

---

① 毕宝德. 土地经济学. 第 4 版 [M]. 北京：中国人民大学出版社, 2001.

以上承绪论部分对研究的总体安排,下启人口—土地城镇化协调发展的研究。本章主要对人口—土地城镇化协调发展所涉及的基本概念进行界定和对研究所基于的基本理论进行阐释,首先界定了人口—土地城镇化、协调与协调发展、时空分异等概念,然后从前提、表现、渊源、体系构建 4 个层次提出研究的理论框架。即以资源稀缺理论为研究的前提和基础,提出人口—土地城镇化协调发展的客观需求,以空间分析理论、环境库兹涅茨曲线理论、系统耦合理论分析人口—土地城镇化时空分异和协调性现实表现,进而以经济效率、产业发展理论为依据分析非协调问题产生的原因,最后以人地关系理论中人地"协调论"为指导思想,以可持续发展为发展目标,绿色发展为发展模式,从制度层面、市场层面、管理层面构建人口—土地城镇化协调发展的政策建议。

第二章 人口城镇化的时空分异分析

人口城镇化的时空分异一直是地理学、区域经济学研究的核心内容之一。本书拟分别从时间维度的人口城镇化历史阶段分析、空间格局动态演变，以及空间维度发展水平分析、空间集聚水平和地区差异等方面对人口城镇化时空分异进行研究。

第一节 人口城镇化时间维度演变分析

一、中国人口城镇化历史发展阶段分析

我国的城镇化是在政治体制和经济社会条件下发展前进的，国家城镇化发展战略和政策对城镇化发展具有重要作用，城镇化发展机制为政府主导机制，而欧美国家城镇化发展机制为市场主导机制[①]。不同的历史发展阶段我国城镇化发展表现出不同的发展速度和增长规模，城镇化发展总体呈现出持续增长的趋势，但是在具体的特定时期也出现过波动和徘徊。回顾我国人口城镇化发展历程，其发展和变化可以分为 4 个阶段。

---

① 李强，陈宇琳，刘精明. 中国城镇化"推进模式"研究 [J]. 中国社会科学，2012 (7)：82－100.

（一）1949～1957 年，人口城镇化的起步阶段

中国城市发展源远流长，如果从统一中央集权制的秦代开始算起，现在已有 2200 多年的历史，但是中国一直是自给自足的小农经济，城镇化发展缓慢。新中国成立之初，人口城镇化率为 10.64%，是我国城镇化的起步阶段（一般认为 10% 的人口城镇化率为城镇化的起步阶段）。新中国成立后，采取了没收官僚资本、稳定物价、发展生产的政策，国民经济得到恢复和发展，并于 1953～1957 年开始制定和实施第一个"五年计划"，确定了集中力量发展重工业、建立国家工业化和国防现代化的初步基础为发展目标。"一五"计划取得了巨大的成就，构建了汽车工业、飞机工业、发电设备等新型产业，工业产值年平均增长率达到 18%，工业总产值比重从 1949 年的 30%上升到 1957 年的 56.7%，为国家工业化发展奠定了初步的基础。新中国经济和社会的发展，增加了人民的收入、提高了人民群众的生活水平，工业的发展产生了非农劳动力的需求，这都促使了人口向城镇的转移和集聚，城镇化在这一阶段开始持续增长，然而增长速度比较缓慢，人口城镇化率年均增长 0.59 个百分点，到 1957 年人口城镇化率达到了 15.39%。

（二）1958～1977 年，人口城镇化徘徊阶段

这一时期国家经历了"大跃进"和"文化大革命"，导致城镇化发展也出现徘徊和波动。"大跃进"是指 1958～1960 年中央政府没有遵循客观经济发展规律，在全国范围开展各种冒进运动。"大跃进"以"高指标""瞎指挥""浮夸风"和"共产风"为主要标志，导致了浪费资源、破坏生态环境、破坏正常生产秩序等后果。在"大跃进"期间激进式的发展下人口城镇化率从 1958 年的 16.25% 提高到 1960 年的 19.75%，年均增长 1.45 个百分点，城镇化处于较快的发展状态，但是应该注意的是，这样的城镇化发展是高资源消耗、高生产要素浪费的非良性发展

的城镇化。"大跃进"出现的问题引起了中央的重视，在 1961 年 1 月召开的中共八届九中全会上，提出了"调整、巩固、充实、提高"八字方针，此后 1961～1965 年，中央政府对大跃进期间的问题进行纠正和提高，这一段时间城镇化率有所降低，从 1961 年的 19.29% 下降到 1965 年的 17.98%。1966～1976 年为"文化大革命"的 10 年，经济发展停滞，社会秩序混乱，这期间人口城镇化率由 1966 年的 17.86% 下降到 1976 年的 17.44%。其中值得注意的是，1975 年邓小平同志主持中央日常工作，着力解决工业、农业、科技、交通等领域出现的问题，对"文化大革命"产生的问题进行整顿，经过整顿社会秩序，国民经济逐步恢复和向前发展，工业、农业产量有大幅增长，城镇化发展又重新向前推进，1975 年人口城镇化率增长了 0.18 个百分点，而 1966～1974 年人口城镇化率年均降幅 0.09 个百分点。

（三）1978～1995 年，人口城镇化低速发展阶段

这一阶段国家实行了经济体制改革和对外开放的基本国策，经济社会发展迅速，但是现代经济制度没有建立，各项改革仍在进行中，仍处于转型发展时期，城镇化发展仍然比较慢，年均增长率为 0.63 个百分点，城镇化率从 1978 年的 17.92%，增长到 1995 年的 29.04%。

（四）1996 年至现在，人口城镇化高速发展时期

1996 年人口城镇化率为 30.48%，我国城镇化进程进入了快速发展阶段，这契合了 Northam 城镇化发展阶段理论。这一阶段国家经过上一个阶段的发展，社会公共服务、社会保障逐步完善，经济增长迅速，城镇化发展也进入一个快速发展的新时期，从 1996 年的 30.48% 增长到 2013 年的 53.73%，年均增长 1.37 个百分点。其原因在于随着 1978 年国家改革开放政策的确立，国家推进市场经济体制的建设，并逐步拆除户籍壁垒，允许人力资源与生产要素自由流动，努力实现各种要素依据效率自由流动选择，劳动力进入城镇的制度壁垒逐渐弱

化，由于城镇良好的基础设施和公共服务与较高的劳动收入，促使了人口向城镇的迁移，加速了城镇化的进程。特别是 1998 年中央政府下达《国务院关于进一步深化城镇住房制度改革加快住房建设的通知》，决定停止住房的实物分配，实行住房的货币化分配，新建住房原则上只售不租，并出台相应的房地产消费鼓励政策，房地产业开始发展并趋于繁荣，房屋的商品化自由买卖也促使了富裕的农村人口在城镇购房居住，推动了人口城镇化的进程。我国人口城镇化发展演变的历史过程，见图 2 – 1。

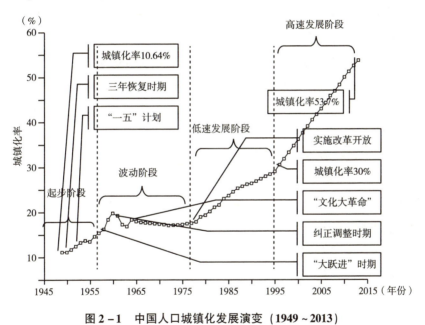

图 2 – 1　中国人口城镇化发展演变（1949 ~ 2013）

二、中国人口城镇化格局动态演变分析

（一）2000 年以来中国人口城镇化的空间格局动态演变

为了研究人口城镇化格局的动态变化，分别采用 2000 年、2005

年、2010 年及 2015 年我国省域的人口城镇化数据，对我国 2000 年以来人口城镇化的空间格局变化进行分析。根据 Northam 的城镇化发展阶段理论及相关研究成果，依照省域人口城镇化率大小，将我国省域的人口城镇化发展水平划分为 5 个发展阶段，分别是：人口城镇化率低于 30% 的低水平阶段、"30% ~ 45%"的中低水平阶段、"45% ~ 55%"中等水平阶段、"55% ~ 70%"的中高水平阶段、大于 70% 的高水平阶段。

2000 年我国人口城镇化发展水平还普遍较低，大部分省域处于低水平发展阶段或中低水平发展阶段。人口城镇化率低于 30% 的省域有西藏、河南、云南、贵州、甘肃、河北、四川、江西、安徽、广西、湖南 11 个省域，这些省域人口城镇化发展还处于相对较低水平，且发展速度较为缓慢。人口城镇化发展处于"30% ~ 45%"中低水平阶段的省域有陕西、宁夏、重庆、新疆、青海、山西、山东、海南、湖北、江苏、福建、内蒙古 12 个省域，这些省域人口城镇化发展仍然处于较低水平，但是人口城镇化发展速度有所加快。浙江、吉林、黑龙江、辽宁、广东 5 个省域人口城镇化率处于"45% ~ 55%"区间，人口城镇化发展在我国处于中等发展水平，这一阶段是城镇化发展进程中的重要阶段，是城镇化发展过程中由低水平城镇化向高水平发展的过渡时期，需要注意避免城镇化发展过程出现城市病、环境破坏等问题。由于 2000 年左右，我国大部分省域人口城镇化尚处于起步发展阶段，较高发展水平的省域相对较少，暂时还没有省域人口城镇化率处于"55% ~ 70%"中高发展水平阶段。北京、天津、上海 3 个省域人口城镇化率超过 70%，已经处于高水平发展阶段，与国际上部分发达国家人口城镇化发展水平相当，已经完成了城镇化发展的中期阶段，正处于城镇化发展后期阶段，这一阶段人口城镇化速度将会放慢，需要注意城镇化的质量提升、关注城镇化内涵建设。

通过比较 2000 年我国人口城镇化在省域间的差异我们知道，2000 年我国人口城镇化省域间差异性较大，既有处于低水平发展阶段（人口城镇化率30%以下）的西藏、河南、云南、贵州等省域，也有处于高水平发展阶段（人口城镇化率70%以上）的上海、北京、天津等省域。人口城镇化发展阶段在30%以下的低水平阶段、"30%～45%"的中低水平阶段、"45%～55%"中等水平阶段和大于70%的高水平阶段均有分布，人口城镇化分布具有较强的区域非均衡性。

　　2005年中国省域人口城镇化发展较2000年有所变化，低于30%的人口城镇化发展水平地区明显减少，由2000年的11个省域减少到2005年的3个省域，仅有西藏、云南、贵州人口城镇化发展水平低于30%，处于低水平城镇化发展阶段。大部分低水平人口城镇化发展的省域经过5年的发展，已经进入中低水平发展阶段，人口城镇率达到了30%以上，值得注意的是，虽然大部分省域进入了中低水平发展阶段，但是尚未有省域进入中等水平发展阶段。人口城镇化中低水平省域由于低水平省域发展的进入，数量由2000年的12提高到15个，同时重庆、海南、内蒙古、福建、江苏经过发展由中低发展水平进入人口城镇化中等发展水平。广东、浙江、辽宁3个省域经济发展人口城镇化率由"45%～55%"阶段提高到"55%～70%"阶段，人口城镇化发展迈入了中高水平行列。经过2000～2005年5年的发展，虽然各省城人口城镇化水平均有了较大提高，但是由于人口城镇化发展水平省际差异较大的原因，处于人口城镇化高水平的省域依然是北京、天津、上海，未有其他省域迈入人口城镇化高水平发展阶段。

　　观察2010年和2005年人口城镇化格局（见表2-1），发现2010年人口城镇化发展水平相对于2005年未有较大变化，处于低水平发展阶段的云南人口城镇化率超过了30%，进入了中低水平阶段，同时进入了城镇化快速发展时期。山东、山西、宁夏、湖北4个省域经过5年的发展，城镇化发展由中低水平发展阶段进入了中等水平发展阶段，城镇化率进入了"45%～55%"阶段，江苏、黑龙江2个省域人口城镇化经过5年的发展迈入了中高水平发展阶段，人口城镇化率超过了55%。

表 2 –1　　　中国省域人口城镇化等级时序演变（2000～2015 年）

城镇化阶段	2000 年	2005 年	2010 年	2015 年
低水平阶段	甘肃、西藏、四川、云南、贵州、广西、湖南、江西、安徽、河南、河北	西藏、云南、贵州	西藏	西藏
中低水平阶段	新疆、青海、内蒙古、宁夏、山西、陕西、重庆、湖北、山东、江苏、福建、海南	新疆、青海、甘肃、四川、宁夏、山西、陕西、河南、山东、湖北、湖南、安徽、江西、广西	新疆、青海、甘肃、四川、云南、贵州、广西、江西、河北、河南、湖南、安徽	甘肃、云南、贵州
中等水平阶段	广东、浙江、辽宁、吉林、黑龙江	重庆、内蒙古、黑龙江、吉林、江苏、福建、海南	宁夏、山西、陕西、重庆、湖北、山东、吉林、海南	新疆、青海、四川、陕西、河南、河北、广西、湖南、安徽、江西
中高水平阶段		辽宁、浙江、广东	内蒙古、黑龙江、辽宁、江苏、浙江、福建、广东	内蒙古、黑龙江、吉林、辽宁、宁夏、山西、山东、江苏、浙江、福建、广东、海南、重庆、湖北
高水平阶段	北京、天津、上海	北京、天津、上海	北京、天津、上海	北京、天津、上海

　　从 2010～2015 年，经过 5 年的发展，人口城镇化率低于 30% 的省域继续减少，仅有西藏人口城镇化率仍然低于 30%，处于低水平发展阶段，2005 年仍处于低水平发展阶段的云南和贵州已经相继脱离低水平发展阶段，城镇化发展开始加速，走向更高的人口城镇发展阶段。2015 年处于中低水平发展阶段的省域数量也由 2010 年的 12 个省域减少到 3 个，2015 年人口城镇化中等水平阶段省域相对较多，有陕西、广西、四川、

青海、安徽、河北、江西、湖南、陕西、河南 10 个省域。人口城镇化
中高发展水平阶段的省域也有较大的增长，有山西、海南、宁夏、吉
林、湖北、山东、黑龙江、重庆、内蒙古、福建、浙江、江苏、辽宁、
广东 14 个省域，而处于人口城镇化中高发展水平阶段的省域在 2000 年
有 0 个，2005 年有 3 个，2010 年则增长到 7 个。人口城镇化高水平发展
阶段的区域仍然仅有上海、北京、天津 3 个省域，2015 年上海、北京、
天津的人口城镇化率分别为 87.60%、86.50%、82.64%，与当前欧美发
达国家人口城镇化率相当。

（二）2000 年以来中国人口城镇化的空间差异性的变化

为了描述不同时期人口城镇化的空间差异性，本书采用变异系数法
分析省域人口城镇化的差异性程度，并描述省域人口城镇化空间差异性
的动态演变。该模型是地理学刻画空间差异性的常用方法，变异系数模
型为：

$$C_V = \frac{1}{\bar{x}} \sqrt{\left[\sum_{i=1}^{n} (x_i - \bar{x})^2 \right] / (n-1)}$$

其中，C_V 为变异系数；x_i 为省域人口城镇化发展水平，采用城镇化率表
示；$\bar{x}$ 全国人口城镇化平均发展水平，采用全国人口城镇化率的平均水
平表示。研究中人口城镇化省际空间差异系数即是采用变异系数。

根据 2000 年、2005 年、2010 年、2015 年中国省域人口城镇化率数
据，采用以上的变异系数法，对各年度人口城镇化空间差异性进行测
度，计算各年份空间差异系数。计算结果显示，中国人口城镇化的空间
差异性在总体上呈现出收敛的趋势，2000 年、2005 年、2010 年、2015
年人口城镇化省际空间差异系数分别为 0.4193、0.3389、0.2889、
0.2276。然后分地区分析人口城镇化空间差异性的动态变化情况。2000
年东部地区省际人口城镇化空间差异性最大，中部次之，西部最小。
2000~2005 年东部地区空间差异系数由 0.3586 减小到 0.2858，中部地

区空间差异系数由 0.2976 减小到 0.1945，西部地区空间差异系数由 0.2216 减小 0.1937，中部地区人口城镇化空间差异性减小速度最大，东部次之，西部最小。2005 年东部地区省际人口城镇化空间差异性仍然最大，中部次之，西部最小。2005 ~ 2010 年，东部地区人口差异系数由 0.2858 减小到 0.2322，中部地区空间差异系数由 0.1945 减小到 0.1232，西部地区空间差异系数有所提高，由 0.1937 提高到 0.2174。2005 ~ 2010 年，虽然西部地区省际人口城镇化的空间差异性有所提高，但是东部地区省际人口城镇化空间差异性依然最大，西部次之，中部最小。2010 ~ 2015 年，东部地区省际人口城镇化的空间差异性继续减小，由 0.2322 减小到 0.1818，中部地区空间差异系数由 0.1232 减小到 0.0738，西部地区空间差异系数 0.2174 减小到 0.1879，到 2015 年东部地区的省际人口城镇化空间差异性不再是最大，西部地区省际人口城镇化空间差异性超过东部地区，处于最大位置，东部次之、中部最小。2000 ~ 2010 年，中部地区人口城镇化均衡性发展效果较好，到 2015 年，中部地区空间差异系数仅有 0.0738，远小于西部地区和东部地区，处于省际人口城镇化发展相对均衡状态。

根据上述分析可以知道，东部、中部、西部省际人口城镇化空间差异性均处于逐渐缩小的发展趋势，省际人口城镇化发展均衡性不断增强。对比东部、中部、西部地区空间差异性，2005 ~ 2010 年东部地区空间差异性最大。由于东部、中部、西部经济社会发展的差异性，空间差异性的收敛速度不同，东部地区与中部地区人口城镇化收敛速度要大于西部地区，到 2015 年西部地区省际人口城镇化空间差异性最大，而中部地区省际人口城镇化发展相对比较均衡（见表 2 - 2）。

表 2 - 2   中国人口城镇化分地区空间差异系数（2000 ~ 2015 年）

区域	2000 年	2005 年	2010 年	2015 年
全国	0.4193	0.3389	0.2889	0.2276
东部	0.3586	0.2858	0.2322	0.1818

区域	2000 年	2005 年	2010 年	2015 年
中部	0.2976	0.1945	0.1232	0.0738
西部	0.2216	0.1937	0.2174	0.1879

第二节　人口城镇化空间维度格局分析

一、人口城镇化发展水平空间分析

（一）基于自然断点法中国省域人口城镇化发展水平空间格局分析

根据 2015 年中国省域人口城镇化率，采用自然断点法，将人口城镇化水平划分为五个水平分区，分别为低水平区、中低水平区、中水平区、中高水平区、高水平区。根据《中国统计年鉴》（2016）数据，高水平区包括北京、天津、上海三个省域，均为国家直辖市，北京市是我国政治、文化中心，上海是我国经济中心；中高水平区包括辽宁、江苏、浙江、福建、广东，均为东部沿海发达地区；中水平区包括湖北、重庆、陕西、山西、宁夏、内蒙古、黑龙江、吉林、海南、山东，多为中西部地区；中低水平区包括河北、河南、安徽、湖南、江西、广西、新疆、青海、四川；低水平区包括西藏、云南、贵州、甘肃，均是西部省域。人口城镇化水平呈现出"东部＞中部＞西部"特征。东部地区除了山东、海南两个省域位于中水平区，河北位于中低水平区外，均位于高水平区和中高水平区。中部地区有黑龙江、吉林、山西、湖北 4 个省域位于中水平区，安徽、江西、河南、湖南 4 个省域位于中低水平区，西部地区的 12 个省域有内蒙古、重庆、宁夏、陕西 4 个省域位于中水平区，广西、四川、青海、新疆 4 个省域位于中低水平区，贵州、云南、西藏、甘肃 4 个省域位于低水平区。因此总体来看人口城镇化在空间格局上呈现"东部＞中部＞西部"的特征。

人口城镇化水平空间差异较大。人口城镇化水平最高的省域为上海，人口城镇化率为87.6%，人口城镇化水平最低的省域为西藏，人口城镇化率为27.74%，二者相差60个百分点，差异性巨大。对比高水平区、中高水平区、中水平区、中低水平区、低水平区人口城镇化水平的差异，人口城镇化高水平区人口城镇化率为85.58%，低水平区人口城镇化率为39.07%，二者相差约46个百分点。人口城镇化中高水平区人口城镇化率为66.20%，中高水平区与高水平区人口城镇化率相差19个百分点；中水平区人口城镇化率为56.85%，中水平区与中高水平区人口城镇化率相差10个百分点；中低水平区人口城镇化率为49.27%，中低水平区与中水平区人口城镇化率相差7个百分点；中低水平区与低水平区相差10个百分点。因此对于人口城镇化水平分区，在较低水平下差异性相对较小，随着人口城镇化水平的提高其差异性也显著地提高。

（二）基于Getis-Ord Gi*模型的中国省际人口城镇化协同关系分析

地理学第一定律认为地理事物在空间上关系密切，临近的事物比较远的事物相关性更为紧密。人口城镇化发展也具有显著的空间特征，相邻省域之间人口城镇化发展具有相互驱动和反馈作用。为了对人口城镇化发展省域间的协同作用进行测度，采用ESDA中的热点分析技术（Hot Spot Analysis）——Getis-Ord Gi*，对省域人口城镇化水平进行分析。

Getis-Ord Gi*模型[1]与全局空间自相关模型相比，是一种局域空间自相关模型，是用来识别具有统计显著性的高值（热点）和低值（冷点）的空间聚类分析工具[2][3]。具有统计学意义上显著的热点需要具备两个条

① Anselin L. Local indicators of spatial association—LISA [J]. Geographical analysis, Vol. 27, No. 2 (1995), pp. 93 – 115.

② Bump J K, Peterson R O, Vucetich J A. Wolves modulate soil nutrient heterogeneity and foliar nitrogen by configuring the distribution of ungulate carcasses [J]. Ecology, Vol. 90, No. 11 (2009), pp. 3159 – 3167.

③ Hinman S E, Blackburn J K, Curtis A. Spatial and temporal structure of typhoid outbreaks in Washington, DC, 1906 – 1909: evaluating local clustering with the Gi* statistic [J]. International Journal of Health Geographics, Vol. 5, No. 1 (2006), p. 13.

件，一是观测值自身具有高值；二是周围相邻的要素也要同时具有高值。冷点则相反。其基本原理是将观测值及其相邻要素的局部总和与所有要素的总和进行比较，当局部总和与所预期的局部总和有较大差异、无法成为随机产生的结果时，就得出一个具有显著统计意义的 Gi* 得分。采用 Getis-Ord Gi* 模型对省域人口城镇化水平进行分析，结果见表 2－3。根据 Getis-Ord Gi* 模型解析结果可以知道，北京、天津、河北、山东、江苏、安徽、上海、吉林、辽宁为处于高值集聚区，表明这 9 个省域与相邻省域在人口城镇化发展中关系密切，呈现协同发展状态。而新疆、西藏、青海、四川、重庆 5 个省域处于低值集聚区，表明这些区域与相邻区域人口城镇化发展，也呈现出协同发展，但是这种均衡是"低水平"的协同发展。内蒙古也呈现出与相邻区域协同发展的形态，但是这种均衡水平相对较低。其余省域的 Getis-Ord Gi* 分析结果不显著，说明其余省域人口城镇化发展与相邻省域未呈现出显著协同发展状态，省域人口城镇化发育差异性较大。

从均衡区域数量上分析，处于"热点"区域的省域有 10 个，处于"冷点"区域的省有 5 个，共 15 个省域，人口城镇化协同发展区域达到全部研究省域的一半，协同发展关系较弱。总之，基于 Getis-Ord Gi* 模型的省域人口城镇化水平分析，可以发现大部分省域人口城镇化未呈现出协同发展的状态，我国省域人口城镇化发展协同关系较弱。

表 2－3　　　　　中国人口城镇化水平分区（2015 年）

城镇化分区	地　区
低水平区	西藏、云南、甘肃、贵州
中低水平区	新疆、青海、四川、广西、湖南、江西、安徽、河南、河北
中等水平区	内蒙古、黑龙江、吉林、宁夏、陕西、山西、山东、重庆、湖北、海南
中高水平区	辽宁、江苏、浙江、福建、广东
高水平区	北京、天津、上海

二、人口城镇化空间集聚水平分析

城镇人口密度也是表示人口城镇化的重要指标之一，本书采用2015年中国省域城镇人口密度数据，对省域城镇人口密度的空间分布进行分析，见表2-4。

表2-4　　　　　**中国省域城镇人口密度（2015年）**　　单位：人/平方公里

省域	城镇人口密度	省域	城镇人口密度	省域	城镇人口密度
上海	3 809	河南	5 155	甘肃	4 049
广东	3 060	黑龙江	5 504	贵州	2 396
天津	3 492	江西	4 822	青海	2 692
福建	2 704	山西	3 920	四川	1 902
河北	2 646	湖南	3 261	云南	2 943
江苏	2 034	吉林	3 193	重庆	1 904
海南	2 045	湖北	2 430	西藏	1 750
浙江	1 914	安徽	2 458	广西	1 823
辽宁	1 590	陕西	4 031	宁夏	1 336
北京	1 541	新疆	2 557	内蒙古	1 629
山东	1 452	—	—	—	—

采用城区面积对各省城城镇人口密度进行加权，可以得出我国东部、中部和西部地区的城镇人口密度。东部地区城镇人口平均密度为2 390人/平方公里。城镇人口密度最高的省域为上海，城镇人口密度为3 809人/平方公里；城镇人口密度最低的省域为山东，城镇人口密度为1 452人/平方公里。上海、广东、天津、福建、河北5个省域城镇人口密度高于东部地区平均水平，土地集约利用水平相对较高；海南、浙江、辽宁、北京、山东、江苏6个省域城镇人口密度低于东部地区平均水平，土地集约利用水平相对较低。

中部地区城镇人口平均密度为3 842.9人/平方公里。城镇人口密度最高的省域为黑龙江，城镇人口密度为5 504人/平方公里；城镇人口密度最低的省域为湖北，城镇人口密度为2 430人/平方公里。河南、黑龙江、江西、山西4个省域城镇人口密度高于中部地区平均水平，土地集约利用水平相对较高；湖南、吉林、湖北、安徽4个省域城镇人口密度低于中部地区平均水平，土地集约利用水平相对较低。

西部地区城镇人口平均密度为2 418人/平方公里。城镇人口密度最高的省域为甘肃，城镇人口密度为4 049人/平方公里；城镇人口密度最低的省域为宁夏，城镇人口密度为1 336人/平方公里。陕西、新疆、甘肃、青海、云南5个省域城镇人口密度高于西部地区平均水平，土地集约利用水平相对较高；重庆、四川、贵州、西藏、广西、宁夏、内蒙古7个省域城镇人口密度低于西部地区平均水平，土地集约利用水平相对较低。

对比东部、中部、西部地区城镇人口密度，中部地区城镇人口密度最大，西部次之，东部最小，因此城镇人口密度在空间格局上呈现出"中部大于西部，西部大于东部"的特征。

三、人口城镇化水平地区差异分析

我国国土面积广阔，不同地区在经济社会发展中具有自身独特特征，因此应该基于东、中、西部地区的差异性对人口城镇化进行分析。

东部地区是我国经济社会最为发达的区域，根据中国2015年东部地区11个省域总人口数及城镇人口数，计算出东部地区人口城镇化的平均水平为68.29%，然后将东部地区各省域的人口城镇化水平标示在散点图上，结果见图2－2（a）。根据图2－2可知，东部地区11个省域中，北京、上海、天津、广东4个省域高于东部地区人口城镇化平均水平，而辽宁、江苏、浙江、福建、山东、海南、河北7个省域的人口城镇化水平低于东部地区人口城镇化平均水平。东部地区人口城镇化最高的省域是上海，人口城镇化水平为87.60%；而东部地区人口城镇化水平最低的省域是河北，人口城镇化水平为51.33%。因此，东部地区人口城镇化水平最大值与最小值相差约36个百分点，具有很大的差异性，东部地区在人口城镇化发展中区域间的差异性问题不能忽视。

我国中部地区包括8个省域，分别是山西、吉林、黑龙江、安徽、江西、河南、湖北、湖南。根据2015年中部地区省域城镇人口及总人口数据，计算出中部地区人口城镇化的平均水平为53.23%。为了直观观察中部8个省域的人口城镇化水平的分布情况，将人口城镇化水平绘制在散点图上，见图2-2（b）。根据图形显示我们可以知道，在中部地区中，黑龙江、湖北、吉林、山西4个省域的人口城镇化水平大于中部地区人口城镇化的平均水平，而江西、安徽、湖南、河南4个省域的人口城镇化水平则低于中部地区人口城镇化的平均水平。中部地区中人口城镇化水平最高的省域是黑龙江省，人口城镇化水平为58.80%；人口城镇化水平最低的省域为河南省，人口城镇化水平为46.85%。可见，中部地区人口城镇化水平的最大值与最小值相差12个百分点。

西部地区是我国经济社会相对不发达地区，根据2015年西部12省域人口城镇发展数据，测算出西部地区人口城镇化的平均水平为48.25%，低于中部地区53.23%和东部地区69.29%的人口城镇化发展水平。为直观观察西部地区人口城镇化水平的分布情况，将西部12个省域的人口城镇化水平绘制在散点图上，图形结果见2-2（c）。根据图形分析可以知道，西部地区中内蒙古、重庆、陕西、宁夏、青海5个省域的人口城镇化水平则高于西部地区人口城镇化的平均水平，而广西、四川、云南、甘肃、新疆、贵州、西藏7个省域的人口城镇化水平低于西部地区人口城镇化的平均水平。西部地区内部人口城镇化水平最高的省域为重庆，人口城镇化水平为60.94%；人口城镇化水平最低的省域为西藏，人口城镇化水平为27.74%。可见，西部地区人口城镇化水平的最大值与最小值相差33个百分点。

根据以上分析，东部、中部、西部地区人口城镇化率之比为1.42：1.10：1.00，东部地区人口城镇化率是西部地区的1.42倍，是中部地区的1.28倍。中西部地区应该注意人口城镇化的发展，缩小与东部地区的差距。人口城镇化内部偏移最大的地区是东部，其次为西部，中部最

小。东部地区和西部地区在区域内部人口城镇化协调发展上，更应该关
注内部区域差异性，及时采用有效的措施减弱地区内部的差异性，促使
地区内人口城镇化的协调持续发展。

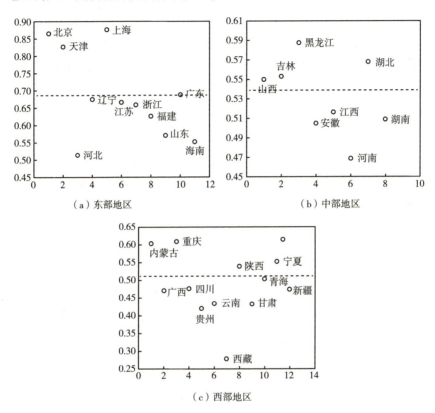

图 2－2　东部、中部和西部地区人口城镇化水平分布（2015 年）

本章小结

　　人口城镇化是城镇化发展的主导维度，本章主要从"时间和空间"
维度对人口城镇化的发展演变和空间格局进行分析。在人口城镇化时空
演变研究方面，基于 Northam 城镇化发展阶段理论，结合我国人口城镇

化发展的实际，将人口城镇化发展划分为 1949～1957 年的"人口城镇化的起步阶段"、1958～1977 年的"人口城镇化徘徊阶段"、1978～1995 年的"人口城镇化低速发展阶段"和 1996 年到现在的"人口城镇化高速发展时期"。

在人口城镇化的空间格局研究方面：（1）东部、中部、西部地区人口城镇化率之比为 1.42∶1.10∶1.00，东部地区人口城镇化率是西部地区的 1.42 倍，是中部地区的 1.28 倍，总体呈现出"东部＞中部＞西部"的特征，且省际人口城镇化水平空间差异较大；（2）基于 Getis-Ord Gi* 模型的省域人口城镇化水平分析可以发现大部分省域人口城镇化未呈现出协同发展的状态，我国省域人口城镇化发展协同关系较弱；（3）对比东部、中部、西部地区城镇人口密度，中部地区城镇人口密度最大，西部次之，东部最小。

第三章　土地城镇化的时空分异分析

在丰富的城镇化研究成果中，大部分都关注了人口城镇化的发展变化，而给予土地的城镇化研究关注则较少，土地是城镇化发展的空间支撑和重要维度，土地城镇化的研究对于促使我国城镇化健康发展有着重要的现实价值。因此，本章拟基于我国统计数据资料，对土地城镇化的发展演变、空间格局进行分析和探索，以揭示城镇化发展过程中土地城镇化维度在时空发展上的表现。

第一节　土地城镇化时间维度演变分析

土地作为重要的生产要素、一种稀缺的资源，土地的城镇化与资源的配置方式密切相关，还受到人口城镇化发展、经济增长等因素影响，根据土地城镇化的阶段特征，可以将土地城镇化划分为四个阶段。

一、1949~1978年，土地城镇化的起步发展阶段

新中国成立之后，部分地区仍然实行的是封建的土地所有制，1950年中央人民政府根据全国的实际情况，颁布了《中华人民共和国土地改

革法》，规定废除地主阶级封建剥削的土地所有制，实行农民的土地所有制，没收地主的土地，分配给无地、少地的农民耕种。农民拥有了土地，激发了农民生产积极性，解放了农村的生产力。

通过土地改革3亿无地或者少地的农民分到了4 666.67万公顷土地和大量农具、牲口、房屋等，还免除了原先需要每年向地主缴纳的350亿公斤的粮食地租。1951年冬，全国除了新疆、西藏等少数民族地区及台湾地区外都基本完成了土地改革任务，到1952年西藏也完成了土地改革任务。这一阶段实行的是高度的计划经济体制，土地城镇化发展缓慢，到1978年全国建成区面积为5 267平方公里。

二、1979～1983年，土地城镇化低速发展阶段

1978年党的十一届三中全会研究决定实行对内改革和对外开放的重要战略决策。党的十一届三中全会后，允许在国家统一指导下，保障农民自主经营权、提高农民的生产积极性。1980年中共中央颁布的《关于进一步加强和完善农业生产责任制的几个问题》的决定，对包产到户的做法给予了肯定。到1983年初，农村家庭联产承包责任制开始在全国范围内全面进行推广。这一阶段，由于人口城镇化和经济增长比较缓慢，土地城镇化发展处于低速发展时期，1979年我国建成区面积为6 230平方公里，到1983年增长到8 156平方公里，建成区面积年均增长506平方公里。

三、1984～2004年，土地城镇化的快速发展阶段（开发区驱动）

这一阶段的特点是开发区政策驱动下的快速的土地城镇化，开发区是导致土地城镇化发展的主导因素。我国自1984年国务院批准设立第一个开发区以来，开发区依托政策和体制优势，得到迅速发展。由于开

发区是我国改革开放的窗口和试验田，国家在政策上给予支持，在土地利用方面比较宽松，因此全国各地开始大量设置各种类型的开发区。在2004 年国务院对开发区进行清查验收时，除内蒙古自治区以外，共清理核查出各类开发区 6 741 个，规划用地面积共 3.75 万平方公里，超过了当年全国城镇建设用地 3.15 万平方公里的总和。开发区的盲目设立导致了大量的农地资源的非农化。

这一阶段，土地城镇化发展在开发区建设这一因素驱动下，进入了快速发展时期。1984 年我国建成区面积为 9 249 平方公里，到 2004 年达到了 30 406 平方公里，21 年间全国建成区面积增长了 22 250 平方公里，年均增长 1 060 平方公里。

四、2005 年至现在，土地城镇化的快速发展阶段（房地产业驱动）

这一阶段的特点是房地产业发展驱动下的快速土地城镇化，房地产业发展是土地城镇化主要驱动力。20 世纪 90 年代是我国住房政策重要的改革和发展时期，1994 年国务院颁布的《关于深化城镇住房制度改革的决定》，提出建设与社会主义市场经济相协调的城镇住房制度，逐步实现住房的商品化。1998 年中央政府决定停止住房的实物分配，市场上新建住房原则上只出售不出租，实行住房的货币化分配，即全面推行住房公积金制度。在市场上产生了大量的房屋需求，导致了房地产业的发展，房地产业的发展导致对城镇用地的需求，促使了土地的快速城镇化。

这一阶段，土地城镇化发展在开发区建设这一因素驱动下，进入了快速发展时期。2005 年我国建成区面积为 32 521 平方公里，到 2015 年达到了 52 100 平方公里，10 年间全国建成区面积增长了 19 579 平方公里，年均增长 1 958 平方公里（见图 3 - 1）。

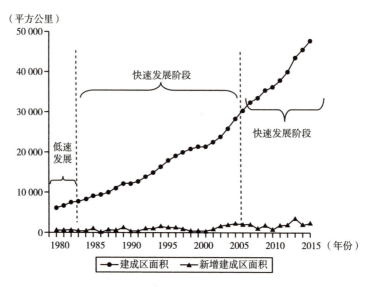

图 3-1 中国土地城镇化发展演变（1978~2015 年）

第二节 土地城镇化空间维度格局分析

一、土地城镇化发育水平空间分析

为了描述我国各省域城区土地城镇化发育水平，参照已有的相关研究，我们以建成区面积与城区总面积的比值作为城区土地城镇化发育水平值，即：

$$Land\_ur\_city = Built\_up\_area / City\_total\_area$$

其中，$Land\_ur\_city$ 为城区土地城镇化发育水平，$Land\_ur\_city \in (0, 1]$。当 $Land\_ur\_city$ 趋向于 0 时，城区土地城镇化发展水平逐渐降低；当 $Land\_ur\_city$ 趋向于 1 时，省域城区土地城镇化发育水平不断提高，城区内非城镇用地规模逐渐下降。

采用 2015 年省域建成区面积和城区总面积等统计数据，计算得到各省域土地城镇化发育水平，结果见表3-1。不同省域城区土地城镇化发育水平存在差异性，经过计算可以知道，2015 全国省域城区土地城镇化发育水平值为0.27，东部地区城区土地城镇化发育水平值为0.25，中部地区城区土地城镇化发育水平值为0.44，西部地区城区土地城镇化发育水平值为0.31。因此城区土地城镇化发育水平呈现出"中部＞西部＞东部"的空间特征。

东部地区各省域，城区土地城镇化发育水平最高的区域为天津，发育水平值为0.35，最低的省域是北京，发育水平值为0.12，东部地区内部城区土地城镇化发育最高水平与最低水平的偏移度为0.23；中部地区各省域中，土地城镇化发育水平最低省域为湖北，发育水平值为0.27，发育水平值最高的省域为黑龙江，发育水平值为0.69，中部地区内部城区土地城镇化发育最高水平与最低水平的偏移度为0.42；西部地区内部，发育水平低的区域为重庆，发育水平值为0.19，最高的省域为甘肃，发育水平值为0.53，西部地区内部城区土地城镇化发育最高水平与最低水平的偏移度为0.34。

表3-1　　　　　　　　土地城镇化发育水平（2015 年）

省域	水平值	省域	水平值	省域	水平值
北京	0.1150	湖北	0.2707	广西	0.2226
上海	0.1575	安徽	0.3179	宁夏	0.2147
辽宁	0.1720	山西	0.3958	云南	0.3500
山东	0.2137	湖南	0.3433	青海	0.2820
浙江	0.2287	吉林	0.3814	四川	0.2117
海南	0.2367	河南	0.5204	西藏	0.3349
江苏	0.2772	江西	0.5948	贵州	0.2944
河北	0.3038	黑龙江	0.6874	甘肃	0.5312
福建	0.3237	内蒙古	0.2280	陕西	0.4641
天津	0.3532	重庆	0.1891	新疆	0.4180
广东	0.3348	—	—	—	—

二、土地城镇化集约水平空间分析

（一）人均建成区面积的空间格局分析

我国人口众多，而土地资源相对较少，因此我国一贯坚持土地集约节约利用的土地政策。本书采用我国 2015 省域建成区面积和城镇人口数据，对人均建成区面积进行测算，计算结果见表 3 – 2。

根据计算结果可知，全国人均建成区面积平均水平为 67.44 平方米，东部地区人均建成区面积为 71.61 平方米，中部地区人均建成区面积为 61.39 平方米，西部地区人均建成区面积为 65.46 平方米，因此东部地区人均建成区面积最大，西部次之，中部地区最小。我国人均建成区面积呈现出"东部 > 西部 > 中部"的特征。

表 3 – 2　　　　中国省域人均建成区面积（2015）　　　单位：平方米

省域	人均建成区面积	省域	人均建成区面积	省域	人均建成区面积
上海	47.22	湖南	45.57	贵州	53.21
河北	51.01	江西	54.99	广西	56.49
福建	58.84	山西	55.69	青海	65.54
天津	69.23	河南	56.36	四川	58.32
海南	67.32	安徽	62.08	重庆	72.30
浙江	71.09	湖北	66.04	甘肃	74.28
北京	74.60	黑龙江	79.06	内蒙古	80.90
广东	75.57	吉林	91.87	新疆	106.33
江苏	78.95	陕西	52.46	宁夏	123.35
山东	82.10	云南	51.59	西藏	161.35
辽宁	83.41	—	—	—	—

我国地域广阔，地区内部省域的人均建成区面积也存在较大的空间

异质性，因此需要分别对东部、中部、西部地区内部省域人均建成区面积进行研究。东部地区人均建成区面积最高的省域为辽宁，人均建成区面积为 83.41 平方米，人均建成区最低的省域为上海，人均建成区面积为 47.22 平方米。北京、广东、江苏、山东、辽宁 5 个省域的人均建成区面积高于东部地区平均水平，因此这 5 个省域用地相对粗放。上海、河北、福建、天津、海南、浙江 6 个省域的人均建成区面积低于东部平均水平，因此这 6 个地区用地相对集约。

中部地区人均建成区面积最高的省域为吉林，人均建成区面积为 91.87 平方米，人均建成区最低的省域为湖南，人均建成区面积为 45.57 平方米。湖南、江西、山西、河南 4 个省域的人均建成区面积低于中部地区平均水平，因此这 4 个省域用地相对集约。安徽、湖北、黑龙江、吉林 4 个省域的人均建成区面积高于中部地区平均水平，这 4 个省域城镇用地相对粗放。

西部地区人均建成区面积最高的省域为西藏，人均建成区面积为 161.35 平方米，人均建成区最低的省域为云南，人均建成区面积为 51.59 平方米。陕西、云南、贵州、广西、四川 5 个省域的人均建成区面积低于西部平均水平，这 5 个省域用地相对集约。重庆、甘肃、内蒙古、新疆、宁夏、西藏、青海 7 个省域的人均建成区面积高于西部地区平均水平，这 7 个省域用地相对粗放。

为了比较东部、中部和西部地区内部人均建成区面积差异性，借鉴空间基尼系数的原理，构造空间差异系数。于是定义空间差异系数为：

$$D_j = \sqrt{\left(\sum_{i=1}^{n} (l_i - \bar{l})^2 \right) / n}$$

其中，D_j 为空间差异系数，m_i 为第 i 个省域的人均建成区面积，$\bar{l}$ 为地区人均建成区面积水平，n 为地区所含省域数。采用 2015 年省域的人均建成区面积数据及省域人均建成区面积平均水平，经过计算得到，东部地区空间差异系数为 11.81，中部地区空间差异系数为 14.20，西部地区空间差异系数为 35.62。因此，西部地区人均建成区面积省际间差异性最大，中部次之，东部最小，即人均建成区面积空间差异性呈现出"西部 > 中部 > 东部"的特征。

（二）城区土地集约利用潜力空间格局分析

人均建成区面积的大小反映了在人口承载力视角下的城镇建成区土地集约利用水平，因此本书拟基于人口承载视角对建成区土地集约利用水平进行分析评价。在已有相关研究的基础上，构建基于人口承载视角对建成区土地集约利用水平评价方程：

$$Intensive\_use\_land = 1/(Built\_up\_area/City\_pop)$$

其中，$Intensive\_use\_land$ 为建成区土地集约利用水平，$Built\_up\_area$ 为建成区面积，$City\_pop$ 城镇人口数，$Intensive\_use\_land \in (0, +\infty)$。评价值越大，建成区土地集约利用潜力越大，随着 $Intensive\_use\_land$ 逐渐减小，建成区土地集约利用潜力水平也逐渐减小。

经过测算 2015 年城区土地集约利用水平处于 0.0062 ~ 0.0219。为了便于观察分析，采用自然断点法将省域建成区土地集约利用水平划分为五个等级，分别为高集约利用区、中高集约利用区、中集约利用区、中低集约利用区、低集约利用区，结果见表 3 - 3。由表可知，高集约利用区包括上海、河北、湖南、云南 4 个省域；中高集约利用区包括山西、陕西、河南、江西、福建、四川、贵州、广西 8 个省域；中集约利用区包括天津、浙江、安徽、湖北、重庆、青海、海南 7 个省域；中低集约利用区包括北京、广东、江苏、山东、辽宁、吉林、黑龙江、内蒙古、甘肃 9 个省域；低集约利用区包括宁夏、新疆和西藏。

根据以上分析及东中西部地区人均建成区面积可以知道，城区土地集约利用呈现出"中部最大，东部次之，西部最小"的空间特征。

表 3 - 3 中国建成区土地集约利用潜力分区（2015 年）

基于利用分区	地　　区
低集约利用区	新疆、西藏、宁夏
中低集约利用区	甘肃、内蒙古、黑龙江、吉林、辽宁、北京、山东、江苏、广东
中集约利用区	青海、重庆、湖北、安徽、浙江、天津、海南
中高集约利用区	四川、陕西、山西、河南、贵州、广西、江西、福建
高集约利用区	云南、湖南、河北、上海

三、土地城镇化扩展潜力空间分析

（一）城区土地城镇化扩展空间潜力空间格局分析

为了对城区土地城镇化扩展空间潜力进行描述，在土地城镇化发育水平评价方程的基础上，构建省域城区土地城镇化扩张空间潜力评价方程，即：

$$Land\_ur\_potential = 1 - Built\_up\_area / City\_total\_area$$

其中，$Land\_ur\_potential \in [0, 1)$。当 $Land\_ur\_potential$ 趋向于 0 时，城区土地城镇化的空间潜力逐渐下降；当 $Land\_ur\_potential$ 趋向于 1 时，空间潜力逐渐增大。

采用 2015 年省域建成区面积和城区总面积等统计数据，计算得到各省域土地城镇化扩张潜力值，为了便于观察分析，采用自然断点法将省域城区土地城镇化扩展空间潜力划分为五个等级，分别为高潜力区、中高潜力区、中潜力区、中低潜力区、低潜力区，结果见表 3 - 4。通过对图表观察我们可以知道，北京、辽宁、重庆、上海 4 个省域位于高潜力区；内蒙古、江苏、浙江、海南、广西、四川、宁夏、青海、湖北属于中高潜力区；天津、河北、山东、湖南、安徽、广东、福建、贵州、西藏、云南 10 省域位于中潜力区，吉林、山西、陕西、新疆 4 个省域位于中低潜力区；黑龙江、河南、江西、甘肃4省域位于低潜力区。

计算和比较东部、中部、西部地区土地城镇化扩张空间潜力可以知道，全国城区土地城镇化扩张空间潜力为0.73，东部地区城区土地城镇化扩张空间潜力为0.75，中部地区为0.56，西部地区为0.69。因此，城区土地城镇化扩张空间潜力呈现出"东部＞西部＞中部"的空间特征。

表3-4 　　　　中国城区土地城镇化扩张空间潜力分区（2015年）

潜力分区	地　　　区
低潜力区	黑龙江、甘肃、河南、江西
中低潜力区	新疆、山西、陕西、吉林
中潜力区	西藏、云南、贵州、湖南、广东、福建、安徽、山东、河北、天津
中高潜力区	青海、四川、广西、海南、湖北、江苏、浙江、内蒙古、宁夏
高潜力区	重庆、北京、上海、辽宁

（二）省域土地城镇化扩展空间潜力

以上对城区土地城镇化扩展空间潜力进行了研究，分析了各省域城区土地城镇化扩展空间潜力分区，但是这样存在一种可能，即使一个城区土地城镇化扩展空间潜力有限，为了谋求发展其可以通过调整行政区划的方式将非城区郊县调整为城区，以扩展城镇化发展中土地利用的空间，这样就需要对整个所辖行政区土地城镇化扩展空间潜力进行分析。参考城区土地城镇化扩展空间潜力评价方程，以省域的可利用土地面积和建成区面积统计数据为依据，构建土地城镇化扩张空间潜力评价方程，即：

$$Land\_ur\_potential\_pro = 1 - Built\_up\_area / City\_total\_area$$

其中，$Land\_ur\_potential\_pro$ 为土地城镇化扩张空间潜力，$Built\_up\_area$ 为建成区面积，$City\_total\_area$ 为城市总面积。通过对方程的分析，我们可以知道，$Land\_ur\_potential\_pro \in [0, 1)$，当 $Land\_ur\_potential\_pro$ 趋

向于 0 时，土地城镇化空间潜力逐渐下降；当 *Land_ur_potential_pro* 趋
向于 1 时，土地城镇化发展的空间潜力逐渐增大。计算采用的数据来源
于《中国统计年鉴》（2016）。

　　基于 2015 年省省域建成区面积和可利用土地总面积数据，利用土地
城镇化扩张空间潜力评价，测算出省域土地城镇化扩张潜力评价值。采
用自然断点法将省域土地城镇化扩展空间潜力划分为五个等级，分别为
高潜力区、中高潜力区、中潜力区、中低潜力区、低潜力区，并采用
GIS 技术将分等结果图表化，见表 3 - 5。

表 3 - 5　　　　　中国土地城镇化扩展空间潜力分区（2015 年）

潜力分区	地　　区
低潜力区	北京、天津、上海
中低潜力区	山东、江苏、浙江、广东
中潜力区	辽宁、河南、安徽、湖北、重庆、福建
中高潜力区	吉林、河北、山西、陕西、宁夏、四川、贵州、广西、湖南、江西、海南
高潜力区	新疆、甘肃、内蒙古、黑龙江、青海、西藏、云南

　　对潜力分区进行分析，高潜力区包括新疆、甘肃、西藏、青海、内
蒙古、黑龙江、云南 7 个省域，除黑龙江外均位于我国西部地区；中高
潜力区包括吉林、河北、山西、陕西、宁夏、贵州、湖南、江西、广
西、四川、海南 11 个省域，多位于中部地区；中潜力区包括辽宁、河
南、安徽、湖北、重庆、福建 6 个省域；中低潜力区包括山东、江苏、
浙江、广东，是我国经济发达地区；低潜力区包括北京、天津、上海 3
个省域。

　　我国东、中、西部由于经济发展的差异，土地城镇化发展潜力也存
在较大的差异性，因此需要对东、中、西部省域土地城镇化扩展空间潜
力进行分析，东部地区省域土地城镇化扩展空间潜力值为 0.9588，中部
地区为 0.9907，西部地区为 0.9957，因此比较东、中、西部省域土地城
镇化扩展空间潜力，可以知道东部省域土地城镇化扩展空间潜力最小，

中部次之，西部最大，即省域土地城镇化扩展空间潜力在地区分布上呈现出"东部地区＜中部地区＜西部地区"的特征。

在东部地区的内部，省域土地城镇化扩展空间潜力最大的省域是海南，潜力评价值为 0.9904，潜力最小的省域是上海，潜力评价值为 0.8787，最大潜力省域与最小潜力省域的离差为 0.1117；在中部地区的内部，省域土地城镇化扩展空间潜力最大的省域是黑龙江，潜力评价值为 0.9961，潜力最小的省域是河南，潜力评价值为 0.9849，最大潜力省域与最小潜力省域的离差为 0.0112；在西部地区的内部，省域土地城镇化扩展空间潜力最大的省域是西藏，潜力评价值为 0.9999，潜力最小的省域是重庆，潜力评价值为 0.9838，最大潜力省域与最小潜力省域的离差为 0.0161。从土地城镇化潜力的离差值判别三大地区极化水平，东部地区的最大、西部次之，中部最小。

离差值只能勾勒出土地城镇化潜力的极化水平，为了能从总体上对东部、中部、西部地区的空间差异性进行测度，需要采用变异系数模型对三大地区的土地城镇化潜力进行评估。结果显示，东部地区变异系数为 0.0370，中部地区为 0.0035，西部地区为 0.0039。因此从空间差异性角度分析，东部地区土地城镇化发展潜力的空间差异性最大，西部地区次之，中部最小，研究结果与离差法的研究结论相同。

总之，根据以上分析可以知道，东部地区土地城镇化发展潜力相对较低，中部次之，西部地区土地城镇化发展潜力大，我国省域土地城镇化扩展空间潜力在地区分布上呈现出"西部地区＞中部地区＞东部地区"的空间特征；在空间差异性的空间特征方面，无论是采用离差法还是变异系数法均证明，东部地区土地城镇化发展潜力的空间差异性最大，西部地区次之，中部最小，即土地城镇化发展潜力的空间差异性呈现"东部地区＞西部地区＞中部地区"。

本章小结

　　土地是城镇化的空间承载，土地城镇化是城镇化综合系统发展的空间维度，本章从"时间和空间"维度对土地城镇化发展的动态演变和空间格局进行了分析。在土地城镇化发展的动态演变分析方面，根据我国土地管理制度的变更和土地政策的变迁将我国土地城镇化发展进程分为四个阶段，分别是"土地城镇化的起步发展阶段"（1949～1978 年）、"土地城镇化低速发展阶段"（1979～1983 年）、"开发区建设驱动下的土地城镇化的快速发展阶段"（1984～2004 年）、"房地产产业驱动下的土地城镇化的快速发展阶段"（2005 年至现在）。土地城镇速度呈现出逐个时间段加快的态势，在人口城镇化滞后的状态下，势必应该加以控制。

　　在土地城镇化空间格局研究方面：（1）城区土地城镇化发育水平呈现出"中部最大、西部次之、东部最小"的空间特征；（2）在土地集约利用方面观察土地城镇化发展，东部地区人均建成区面积最大、西部次之、中部地区最小，城区土地集约利用呈现出"中部最大，东部次之，西部最小"的空间特征；（3）我国省域土地城镇化扩展空间潜力在地区分布上呈现出"西部地区＞中部地区＞东部地区"的空间特征。

第四章　人口—土地城镇化发展协调性分析

通过对人口城镇化与土地城镇化的时空分异进行的研究，发现人口城镇化与土地城镇化具有时空分异的特征，即一致性、差异性和规律性。由于人口—土地城镇化时空分异特征的存在，研究人口与土地城镇化的协调性成为必要。人口城镇化与土地城镇化作为城镇化综合发展系统的两个子系统，其协调程度关系着系统的稳定性和持续性。当前城镇化发展取得了较大的成就，同时也导致了一些负面的效应，这些问题都可以从人口—土地发展的协调性中得到解释。

从理论层面上看，对人口—土地城镇化关系的研究可以系统梳理和完善人口—土地城镇化协调发展关系理论，推动理论的深入研究；从现实需求看，人口城镇化与土地城镇化协调发展关系的研究为处理城镇化发展过程中人口、土地问题提供了理论依据和解决的措施，有助于人口—土地城镇化非协调性问题所引致的诸多社会、经济与环境问题的解决，促进城镇化的良性、和谐和持续发展。

鉴于以上的分析，本书拟以全国为研究区，采用全国 31 个省域人口和土地统计数据，采用非协调度评价法、空间非均衡评价模型从时间维度和空间维度对中国人口城镇化与土地城镇化关系进行研究。

第一节　人口—土地城镇化增长速度一致性分析

人口—土地城镇化的测度主要有"显性指标法"和"综合指标法"

两种测度方法，因此，对人口—土地城镇化发展协调性的分析首先分别基于"显性指标法"和"综合指标法"两种测度方法对人口—土地的发展水平进行测度，进而采用协调性评价方法评价人口—土地城镇化发展的协调性，然后对比两种测度方法的异同。

　　人口—土地城镇化发展评价的"显性指标法"研究表明，以人口城镇化与土地城镇化增长速度度量人口、土地城镇化的发展可以直观和显性，避免"综合指标法"测度土地城镇化与人口城镇化过程中出现的主观因素。在"显性指标法"中，人口城镇化与土地城镇化增长速度是表示人口城镇化与土地城镇化发展的重要途径和方法，因此以下基于人口城镇化与土地城镇化增长速度研究人口—土地城镇化发展过程中的协调性问题。

一、人口—土地城镇化增长速度的偏移度分析

　　本书以土地城镇化与人口城镇化增长速度的偏移度来度量人口城镇化与土地城镇化发展的协调性程度，偏移度计算公式为：

$$Land\_pop\_devi = Land\_urbanization\_rate - Pop\_urbanization\_rate$$

其中，$Land\_pop\_devi$ 为土地城镇化与人口城镇化的偏移度，其数值大小可以表征人口城镇化与土地城镇化发展的差异性，显示人口城镇化与土地城镇化的发展协调程度；$Land\_urbanization\_rate$ 是土地城镇化发展速度；$Pop\_urbanization\_rate$ 是人口城镇化发展速度。本书以城镇建成区面积增长速度表示土地城镇化的增长速度；以城镇人口的增长速度表示人口城镇化的增长速度。根据公式的计算过程可以知道，$Land\_pop\_devi \in [0, +\infty)$。当 $Land\_pop\_devi \rightarrow 0$ 时，人口城镇化与土地城镇化将趋向于较高的协调水平，人口城镇化与土地城镇化将呈现和谐发展的态势；当 $Land\_pop\_devi \rightarrow \infty$ 时，人口城镇化与土地城镇化将趋向于失调状态，城镇化发展会因为人口城镇化与土地城镇化失调而引致诸多的社会问题。

　　以 1978～2015 年中国人口—土地城镇化为研究对象，采用偏移度评

价方法测定人口城镇化与土地城镇化的协调性程度。研究数据来源于《中国统计年鉴》（1979～2016年）、《中国国土资源年鉴》（2001～2016年），城镇用地面积采用城镇建成区面积。为了便于直观地观察，将人口城镇化增长速度、土地城镇化增长速度、人口城镇化与土地城镇化的偏移度标示在折线图上，见图4-1。

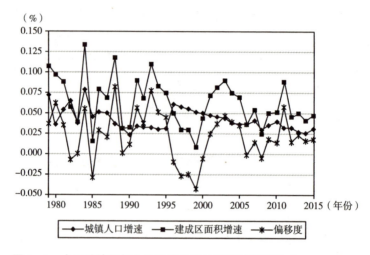

图4-1 人口城镇化与土地城镇化增长速度时间演变（1979～2015）

根据图4-1可以明显地观察到，在1979～2015年的37年间仅有10年人口城镇化增长速度稍微快于土地城镇化，其余年份土地城镇化速度则远高于人口城镇化速度，因此1979～2015年中国城镇用地增长速度曲线总体高于城镇人口增长曲线。总体比较人口城镇化增长速度和土地城镇化增长速度，以1978年为基期，1979～2015年的37年间城镇人口增长3.47倍，而建成区面积却扩展了8.26倍，建成区增长速度是城镇化人口增长速度的2.38倍。因此，我国在经济社会发展中呈现出土地城镇化增长速度高于人口城镇化增长速度、人口城镇化发展相对滞后的状态。

为了着重分析近年来土地城镇化与人口城镇化发展速度，本书重点对2000年以后人口城镇化与土地城镇化增长速度予以关注。经过计算，2000～2015年土地城镇化增长速度是人口城镇化增长速度的1.94倍，因此 2000 年以后土地城镇化速度要远大于人口城镇化速度，土地城镇化扩张过度。

人口城镇化与土地城镇化的偏移度未呈现出收敛趋势。通过观察人口与土地城镇化偏移度曲线，在 1979～2015 年期间存在多个极大值点和极小值点，在波动中发展，没有表现出收敛的趋势。这暗含了如果不采用有效的措施进行调整，人口城镇化与土地城镇化之间的偏离将会有增大的风险。

根据 1979～2015 年人口城镇化与土地城镇化增长速度时间演变，我们可以看到，人口城镇化与土地城镇化的偏移度呈现波动变化，为了清楚地发现偏移度的波动和循环，采用 HP 滤波方法（Hodrick & Prescott，1980）① 分离其循环项与波动项，HP 滤波分析结果见图 4 - 2。由 HP 滤波分析可以知道人口城镇化与土地城镇化之间的偏移度没有呈现出显著的收敛状态，因此需要采用有效的政策、制度、经济措施，调整和协调人口—土地城镇化发展关系，缩小人口城镇化与土地城镇化之间非均衡性。

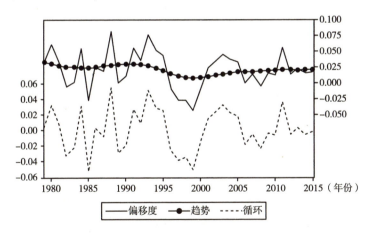

图 4 - 2　人口城镇化与土地城镇化增长速度偏移度的 HP 滤波分析

---

① Hodrick R J, Prescott E C, Postwar U S. Business Cycles：An Empirical Investigation. Journal of Money ［J］. Credit, and Banking, Vol. 29, No. 1 (1997), pp. 1 - 16.

二、人口—土地城镇化增长速度协调等级分析

为了对人口—土地城镇化增长速度协调性有直观认识，本书拟对
1979～2015 年人口城镇化的协调性等级进行评价。根据城镇人口增长速
度与城镇化土地增长速度的偏移度，结合相关研究对协调性等级的划
分，将人口—土地城镇化增长速度协调性分为 6 级，分别为协调发展型
（小于1%的偏移度区间）、协调发展过渡型（1%～3%偏移度区间）、
低度失调型（3%～5%偏移度区间）、中度失调型（5%～7%偏移度
间）、高度失调型（7%～10%偏移度区间）和极度失调型（大于10%
的偏移度区间），测度结果见表4－1。

表4－1　　人口—土地城镇化增长速度协调发展等级（1978～2015 年）

年份	偏移度（%）	协调等级	年份	偏移度（%）	协调等级
1978	—	—	1992	3.65	△△
1979	3.48	△△	1993	7.79	△△△△
1980	6.20	△△△	1994	5.14	△△△
1981	3.45	△△	1995	4.44	△△
1982	-0.79	☆	1996	-1.12	△
1983	0.05	☆	1997	-2.90	△
1984	5.57	△△△	1998	-2.64	△
1985	-3.00	△△	1999	-4.47	△△
1986	2.83	△	2000	-0.68	☆
1987	1.84	△	2001	2.38	△
1988	8.25	△△△△	2002	3.63	△△
1989	-0.03	☆	2003	4.68	△△
1990	0.94	☆	2004	3.77	△△
1991	5.65	△△△	2005	3.40	△△

续表

年份	偏移度（%）	协调等级	年份	偏移度（%）	协调等级
2006	− 0. 19	☆	2011	5. 71	△△△
2007	1. 35	△	2012	1. 46	△
2008	− 0. 59	☆	2013	2. 31	△
2009	1. 61	△	2014	1. 54	△
2010	1. 30	△	2015	1. 74	△

注：☆表示协调发展型，△表示协调发展过渡型，△△表示低度失调型，△△△中度失调型，△△△△表示高度失调型。

我国人口—土地城镇化增长自 1979 年以来，处于协调发展状态的有 7 个年度，处于协调发展过渡型状态的有 13 个年度，处于低度失调型状态的有 10 个年度，处于中度失调型状态的有 5 个年度，处于高度失调型状态的有 2 个年度，未有人口—土地城镇化增长速度偏移度超过 10% 的极度失调状态。因此自 1979 年以来的 37 年间仅有约 19% 的时间区间是处于协调发展状态，大部分时间区间处于失调状态。

总之，1979 年以来我国人口—土地城镇化发展总体呈现出失调状态，人口—土地城镇化的失调影响我国城镇化的健康持续发展，对城市生态环境产生妨害，造成生产要素和资源的浪费。因此，需要采取有效的措施调整和协调人口—土地城镇化发展的关系，促使人口—土地城镇化发展由失调状态向协调发展状态的转变。

三、人口—土地城镇化增长速度的情景分析

为了使土地城镇化水平与人口城镇化水平构成对比，直观观察人口城镇化与土地城镇化发展的差异性，本书用情景模拟的方法进行分析。以 1999 年为起始，假定人口城镇化增长速度等于土地城镇化增长速度，对 2000 ~ 2015 年人口城镇化水平增长进行模拟，以此测算出人口城镇化在该情景下的增长水平，分析结果见表 4 - 2。

表4-2   依照模拟速度计算的人口城镇化率（2000～2015年）   单位:%

年份	2000	2001	2002	2003	2004	2005	2006	2007
模拟速度计算	35.98	38.26	41.10	44.52	47.54	50.55	52.05	54.56
实际城镇化率	36.22	37.66	39.09	40.53	41.76	42.99	44.34	45.89
数值差距	0.24	-0.60	-2.01	-3.99	-5.78	-7.56	-7.70	-8.67
年份	2008	2009	2010	2011	2012	2013	2014	2015
模拟速度计算	55.55	58.04	60.72	65.78	68.40	71.48	73.96	77.04
实际城镇化率	46.99	48.34	49.95	51.27	52.57	53.73	54.77	56.10
数值差距	-8.56	-9.70	10.77	14.50	15.83	17.75	19.19	20.94

根据模拟的结果可以知道，如果人口城镇化按照土地城镇化的速度增长，那么，2005～2015年人口城镇化率应该分别为50.55%、52.05%、54.56%、55.55%、58.04%、60.72%、65.78%、68.40%、71.48%、73.96%、77.04%。按此情景分析的结果，2015年人口城镇化率应该为77.04%，而当前实际的人口城镇化率则为56.10%，人口城镇化慢于土地城镇化大约21个百分点，或者说土地城镇化超前人口城镇化21个百分点。

第二节   人口—土地城镇化发展空间匹配性分析

人口—土地城镇化的空间匹配性是人口—土地城镇化协调发展内涵的重要构成，本书拟构建空间匹配模型实现对人口城镇化与土地城镇化在空间上匹配程度的评价与判断。

一、人口—土地城镇化空间匹配模型

空间匹配模型的构建参考已有的空间匹配性研究[①]和已有的空间集聚计算方法，以人口—土地城镇化在空间上的疏密程度刻画城镇化系统内部人口与土地要素的协调关系，于是构建人口—土地城镇化发展空间匹配性评价方程为：

$$M\_pop\_land_i = \left(Pop_i / \sum_{i=1}^{n} Pop_i\right) \times \left(Land_i / \sum_{i=1}^{n} Land_i\right)^{-1} - 1$$

其中，$M\_pop\_land_i$ 为第 i 个区域的空间失配度，Pop_i、$Land_i$ 为第 i 个区域的城镇人口与城镇土地的评价值。$M\_pop\_land_i$ 的绝对值大小显示了城镇人口与城镇土地在空间上的匹配性程度。对空间匹配模型分析可以知道，$abs(M\_pop\_land_i) \in [0, +\infty)$。当 $abs(M\_pop\_land_i) \to \infty$ 时，人口城镇化与土地城镇化的空间匹配性趋向于减弱，也即是该区域城镇人口与城镇土地在空间维度呈现非协调性状态；当 $abs(M\_pop\_land_i) \to 0$ 时，表明该区域城镇人口与城镇土地的空间匹配性趋向于增强，该区域城镇人口与城镇土地在空间维度呈现较为良好的协调状态。

根据 $M\_pop\_land_i$ 的符号，可以将人口—土地城镇化的空间匹配类型划分为"空间人口集中型"或者"空间土地集中型"。当 $M\_pop\_land_i > 0$ 时，表明城镇人口相对于城镇土地在该区域更为集中，即属于"空间人口集中型"；当 $M\_pop\_land_i < 0$ 时，表明城镇土地相对于城镇人口在该区域更为集中，即属于"空间土地集中型"；当 $M\_pop\_land_i = 0$ 时，则为完全匹配型，由于现实中对人口城镇化、土地城镇化影响因素众多，很难实现城镇人口与城镇土地的完全匹配，所以人

[①] 张车伟，蔡翼飞. 人口与经济分布匹配视角下的中国区域均衡发展 [J]. 人口研究，2013, 37 (6)：3 – 16.

口—土地城镇化完全匹配只是理论探讨的分类，在人口—土地城镇化的空间匹配性实践中，只能采用一定的措施促使城镇人口与城镇土地匹配性的增强，趋向于良好的人口—土地匹配状态。

基于以上城镇人口—土地空间匹配性模型，定义区域综合失配度评价模型为：

$$Zmtach = \left[\left(\sum_{i=1}^{n} M\_pop\_land_i^2 \right) / n \right]^{1/2}$$

其中，$Zmtach$ 为上一级区域城镇人口—土地综合失配度，$M\_pop\_land_i$ 为下一级区域的城镇人口—土地综合失配度。区域综合失配度是上一级区域所包含的下一级区域城镇人口—土地失配度的综合度量，$Zmtach \in [0, +\infty)$，$Zmtach$ 值越大，该上级区域综合失配程度越高，该区域城镇人口—土地空间分布越不均衡。

二、人口—土地城镇化空间匹配性评价

以 2006～2015 年 10 年间的中国人口与土地统计数据为依据，采用空间匹配性评价方程，对中国省域层面人口城镇化与土地城镇化空间匹配性进行测度，测算结果见表 4-2。为了判断人口—土地城镇化空间匹配程度的强弱等级，根据空间匹配性评价方程的评价结果，将人口—土地城镇化空间匹配性类型，即人口集中型和土地集中型分别划分为相对匹配型、低度失配型、中度失配型和高度失配型。具体划分方法是采用等间距法，即当 $Z \in [-0.10, 0.10)$ 时为相对匹配型，当 $Z \in [-0.30, -0.10) \cup [0.10, 0.30)$ 时为"低度失配型"、当 $Z \in [-0.50, -0.30) \cup [0.30, 0.50)$ 时为"中度失配型"、当 $Z \in [-0.70, -0.50) \cup [0.50, 0.70)$ 时为"高度失配型"，具体评价结果见表 4-3。

表 4 – 3　　　　　　　　　中国城镇人口—土地空间失配度

区域	2006 年	2007 年	2008 年	2009 年	2010 年	2011 年	2012 年	2013 年	2014 年	2015 年
北京	– 0. 3799	– 0. 3619	– 0. 3355	– 0. 3163	– 0. 1952	– 0. 111	– 0. 1002	– 0. 0904	– 0. 1147	– 0. 099
天津	– 0. 1206	– 0. 1123	– 0. 1422	– 0. 1052	– 0. 073	– 0. 0343	0. 0152	0. 052	0. 0337	– 0. 03
河北	0. 0915	0. 1305	0. 1599	0. 1861	0. 2171	0. 2331	0. 2477	0. 2856	0. 3117	0. 3174
山西	0. 1538	0. 1502	0. 1883	0. 1846	0. 2231	0. 1735	0. 1614	0. 1937	0. 1804	0. 2061
内蒙古	– 0. 1807	– 0. 1891	– 0. 1467	– 0. 1801	– 0. 1862	– 0. 1793	– 0. 1926	– 0. 2084	– 0. 1691	– 0. 1694
辽宁	– 0. 2097	– 0. 2091	– 0. 1979	– 0. 2059	– 0. 2465	– 0. 2242	– 0. 213	– 0. 2041	– 0. 1975	– 0. 1941
吉林	– 0. 1696	– 0. 1773	– 0. 2242	– 0. 2427	– 0. 2707	– 0. 2733	– 0. 2738	– 0. 2775	– 0. 2689	– 0. 2683
黑龙江	– 0. 1868	– 0. 1947	– 0. 1583	– 0. 1615	– 0. 1977	– 0. 1882	– 0. 1957	– 0. 1848	– 0. 1774	– 0. 1501
上海	0. 0917	0. 1094	0. 0969	0. 0954	0. 268	0. 3204	0. 354	0. 4108	0. 4364	0. 424
江苏	– 0. 1151	– 0. 1088	– 0. 131	– 0. 1279	– 0. 1024	– 0. 1196	– 0. 1315	– 0. 13	– 0. 1474	– 0. 1487
浙江	– 0. 059	– 0. 0679	– 0. 0793	– 0. 0877	– 0. 0291	– 0. 036	– 0. 041	– 0. 045	– 0. 0523	– 0. 0543
安徽	0. 1641	0. 1749	0. 1477	0. 1588	0. 058	0. 0527	0. 0444	0. 0573	0. 0757	0. 0827
福建	0. 2771	0. 269	0. 2407	0. 2551	0. 2263	0. 2033	0. 1811	0. 1822	0. 1708	0. 1427
江西	0. 2916	0. 2941	0. 3452	0. 3816	0. 2967	0. 2653	0. 2632	0. 2498	0. 2537	0. 2227
山东	– 0. 1353	– 0. 1529	– 0. 1677	– 0. 161	– 0. 1771	– 0. 1766	– 0. 1774	– 0. 1865	– 0. 192	– 0. 1814
河南	0. 0597	0. 0793	0. 1073	0. 1564	0. 1071	0. 142	0. 1441	0. 1728	0. 1858	0. 1925
湖北	0. 1205	0. 1592	– 0. 0013	0. 0068	0. 0307	0. 0363	0. 0409	0. 0257	0. 029	0. 0179
湖南	0. 3809	0. 3785	0. 362	0. 3819	0. 3263	0. 329	0. 3448	0. 3879	0. 4232	0. 4755
广东	– 0. 0774	– 0. 1291	– 0. 114	– 0. 1477	– 0. 0785	– 0. 09	– 0. 0963	– 0. 1024	– 0. 1081	– 0. 1106
广西	0. 2915	0. 2658	0. 3238	0. 3374	0. 2075	0. 2041	0. 1966	0. 1936	0. 2106	0. 1896
海南	0. 1439	0. 1666	0. 212	0. 221	0. 2036	0. 1711	0. 0958	0. 0387	0. 0587	– 0. 0011
重庆	0. 2115	0. 2157	0. 2127	0. 1648	0. 0824	– 0. 0238	0. 015	0. 012	– 0. 044	– 0. 0708
四川	0. 284	0. 2984	0. 3242	0. 2981	0. 2215	0. 1847	0. 176	0. 1517	0. 1227	0. 1527
贵州	0. 4872	0. 5997	0. 6405	0. 5252	0. 5613	0. 5009	0. 377	0. 2406	0. 2807	0. 2632
云南	0. 4708	0. 4698	0. 4549	0. 442	0. 3088	0. 3332	0. 355	0. 3201	0. 3293	0. 3029
西藏	– 0. 4072	– 0. 3947	– 0. 5019	– 0. 475	– 0. 5062	– 0. 5168	– 0. 6281	– 0. 5995	– 0. 5713	– 0. 5814
陕西	0. 3559	0. 3889	0. 4536	0. 4805	0. 3879	0. 3765	0. 3831	0. 3744	0. 3545	0. 2805
甘肃	– 0. 0978	– 0. 1086	– 0. 1199	– 0. 1199	– 0. 1001	– 0. 086	– 0. 0677	– 0. 0715	– 0. 085	– 0. 0954

续表

区域	2006 年	2007 年	2008 年	2009 年	2010 年	2011 年	2012 年	2013 年	2014 年	2015 年
青海	0.1466	0.1908	0.242	0.2823	0.3627	0.3529	0.4166	0.1595	0.1548	0.024
宁夏	-0.4376	-0.4513	-0.4586	-0.4452	-0.4569	-0.4612	-0.4779	-0.4734	-0.4689	-0.455
新疆	-0.3268	-0.2797	-0.3188	-0.3354	-0.3095	-0.3437	-0.349	-0.3843	-0.3748	-0.3678

为了观察城镇人口—土地的空间匹配性时序演变趋势，将模型评价结果标示在折线图上，见图 4 – 3。

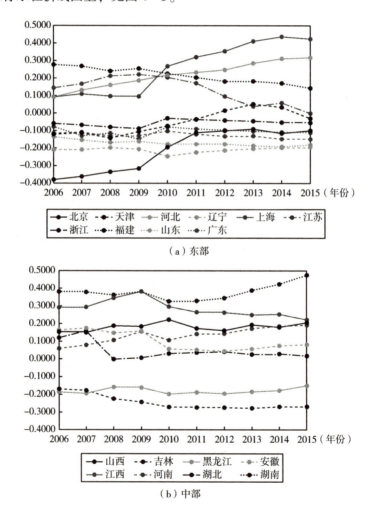

（a）东部

（b）中部

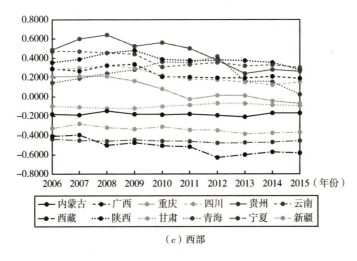

（c）西部

图4－3 省域城镇人口—土地空间失配度时序演变

根据图4－3可知，我国东部地区，河北、上海、福建、天津4省域为城镇人口集中型，北京、辽宁、江苏、浙江、山东、广东6省域为城镇土地集中型。2006年以来，北京市空间失配度逐渐趋近于0，说明北京市城镇人口—土地空间匹配程度逐年提高，人口—土地空间匹配性逐渐增强；天津市在2006～2011年空间失配度均为负值，而2012～2015年，除2015年为负值，其余年度均为正值，且逐年趋近于0值线，说明空间匹配性逐年增强，且空间匹配类型由土地集中型转换为人口集中型，表现为人口的集聚速度大于城镇用地的扩展速度；河北省空间失配度绝对值从2006年以来不断提高，从0.0915增加到2015年的0.3174，逐渐远离空间匹配0值线，因此，其空间匹配性呈逐年减弱趋势；辽宁省空间失配度徘徊于－0.2左右，空间匹配性相对比较稳定，空间匹配类型属于低度失配土地集中型；上海市城镇人口—土地空间匹配性时序演变呈现分段状态，2006～2009年空间失配度稳定在0.1左右，处于城镇人口—土地相对匹配状态，2010～2015年从0.268增加到0.424，空间失配度逐渐增高，处于中度失配状态；江苏省城镇人口—土地空间失配度由2006年的－0.1151降低到2015年的－0.1487，10年间变化幅度相对较小，空间匹配类型为低度失配城镇土地集中型；浙江城镇人口—土地空间匹配性程度也呈现出分段状态，2006~2009年，空间失配度由-0.059降低为-0.0877，2010~2015年由-0.0291降低到-0.0543，其原因可能受到政策影响，但整体波动不大，是典型的城镇人口—土地相对匹配型省域；福建省2006年以来城镇人口—土地空间匹配性呈现逐渐增强的趋势，空间失配度由0.2771降低到0.1427，逐渐靠近0值线；山东省城镇人口—土地空间匹配性逐渐降低，空间失配度由2006年的-0.1353降低到-0.1814，逐渐远离0值线，但稳定在低度失配的状态；广东省2006~2015年城镇人口—土地空间失配度处于-0.07~-0.15之间，呈现波动状态，空间匹配类型在相对匹配型和低度失配型之间波动；海南省城镇人口—土地空间匹配性时序演变呈现分段特征，2006~2009年空间失配度绝对值呈增长趋势，空间匹配性逐渐降低，2010~2015年，空间失配度绝对值呈减低趋势，空间匹配性逐渐增强，到2012~2015年呈现相对匹配的状态。

我国中部地区，山西、安徽、江西、河南、湖北、湖南6个省域属于城镇人口集中型，吉林、黑龙江属于城镇土地集中型。2006年以来，山西省城镇人口—土地空间失配度呈现平稳状态，除2010年、2015年外，均处于0.15与0.20之间，10年间山西省空间匹配性类型均为低度失配型；吉林省城镇人口—土地空间失配度由-0.1696降低到-0.2683，空间失配度绝对值逐渐远离0值线，城镇人口—土地空间匹配性呈现逐年递减状态；黑龙江省城镇人口—土地空间失配度介于-0.15和-0.2之间，空间失配度相对比较稳定，均处于低度失配型状态；安徽省空间失配度变化较为显著，2006~2009年属于低度失配型，2010~2015年属于相对匹配型，空间匹配性增强；江西省城镇人口—土地匹配度呈现分段的特征，在2006~2009年从0.2916逐年上升至0.3816，空间匹配性逐年降低，而在2009~2015年又逐年降低至0.2227，说明空间匹配性逐年增强，空间匹配类型在中度失配型与低度失配型之间变换；河南省2006年以来城镇人口—土地空间失配度呈逐年提高趋势，从2006年的0.0597逐年上升到2015年的0.1925，空间失配度绝对值逐渐远离0值线，空间匹配类型由相对匹配型转换为低度失配型；湖北省除2006~2007年城镇人口—土地空间失配度绝对值大于0.1，属于低度失配型外，其余年度空间失配度绝对值均处于0.1以下，属于相对匹配状态；2006年以来湖南省城镇人口—土地空间失配度介于0.32与0.48之间，变化幅度较大，2006~2010年从0.3809降至0.3263，而在2010~2015年，逐年升达0.4755，虽然仍处于中度失配状态，但有向高度失配区间趋近之势。

　　我国西部地区，广西、重庆、四川、贵州、云南、陕西、青海7个省域属于城镇人口集中型，内蒙古、西藏、甘肃、宁夏、新疆5省域属于城镇土地集中型。2006~2015年的10年间内蒙古自治区城镇人口—土地空间失配度呈现平稳状态，空间失配度在0.14~0.20之间，均处于低度失配状态；广西空间失配度变化波动较大，在2006~2009年呈现递增趋势，并由低度失配型转为中度失配型，但在2010~2015年趋于平稳，在0.2左右波动，呈现低度失配状态；重庆市空间失配度10年间整体呈现出下降趋势，在2006~2009年处于低度失配型状态，2010~2015年，空间失配度徘徊于0值线附近，属于相对匹配型；四川省空间失配度整体波动范围较大，但除2008年的中度失配型之外，其他年度均处于0.12~0.3之间，属于低度失配型；贵州省空间失配度波动显著，且变化幅度较大，2006~2011年基本在0.5以上，2008年达到最高的0.6405，该段时间内处于高度失配状态，2012~2015年空间匹配性有所缓解，从中度失配型转为低度失配型；云南省略有波动，空间匹配性略有增强之势，但空间失配状态变化不大，10年间均处于0.3~0.5之间，属于中度失配型；西藏空间失配度变化幅度较大，2006~2009年徘徊于-0.39~-0.51之间，整体属于中度失配型，但在2010年之后其空间失配度开始在0.50~0.63之间徘徊，由之前的中度失配型转为高度失配型，空间匹配性减弱；陕西省空间失配度的整体波动较为平缓，10年间，除2015年为0.2805，属于低度失配状态外，其余年度均在0.35~0.49之间小幅变化，处于中度失配状态；甘肃省空间失配度波动缓慢，变化幅度微弱，10年间均在-0.12~-0.06之间徘徊，除2007~2010年为低度失配状态外，其余年度均呈现出相对匹配的状态；青海省空间失配度波动显著，变化范围较大，并呈现阶段性变化，2006～2009年由0.1466逐年升至0.2823，属于低度失配型，2010～2012年在0.36～0.42之间波动，属于中度失配型，2013～2015年，又从0.1595降低至0.024，从低度失配型转为相对匹配型；宁夏空间失配度变化甚微，除2006年、2009年分别为-0.4376、-0.4452外，其余年度均在-0.48～-0.45区间内缓慢波动，整体呈现中度失配状态；新疆10年间的空间失配度变化也相对较小，整体徘徊于-0.39～-0.27之间，呈现中度失配状态。

为了进一步观察2006～2015年我国城镇人口—土地空间综合失配度时序演变，将省域空间失配度数据输入城镇人口—土地综合失配度评价模型进行计算，得到2006～2015年我国城镇人口—土地综合失配度与分地区综合失配度（见图4-4）。2006年以来，东部地区城镇人口—土地综合失配度呈现小幅波动状态，而中部和西部地区波动幅度相对较大。然后对比东、中、西部地区城镇人口—土地空间综合失配度，可以发现东部地区城镇人口—土地空间综合失配度最低（空间综合失配度保持在0.19左右），中部次之（空间综合失配度保持在0.22左右），西部最高（空间综

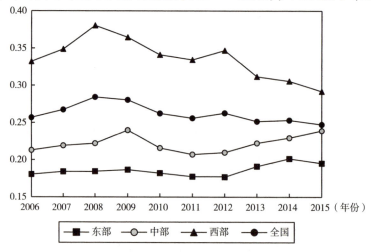

图4-4　城镇人口—土地综合空间失配度时序演变

合失配度保持在 0.34 左右)。因此，城镇人口—土地空间匹配程度呈现出东部城镇人口—土地空间匹配性最高，中部次之，西部最低的特征。

三、城镇人口—土地空间匹配性空间格局分析

为了实现对省域城镇人口—土地空间格局的分析，采用 GIS 技术将城镇人口—土地匹配性等级图表化，见表 4 - 4 和表 4 - 5。

表 4 - 4　　中国省域城镇人口—土地空间匹配性（2006 ~ 2010 年）

省域尺度城镇人口—土地空间匹配性空间格局分析	2006 年	2007 年	2008 年	2009 年	2010 年
高度失配城镇土地集中型			西藏		西藏
中度失配城镇土地集中型	新疆、西藏、宁夏、北京	西藏、宁夏、北京	新疆、宁夏、北京	西藏、新疆、宁夏、北京	新疆、宁夏
低度失配城镇土地集中型	内蒙古、黑龙江、吉林、辽宁、天津、山东、江苏、上海	新疆、甘肃、内蒙古、黑龙江、吉林、辽宁、天津、山东、江苏、广东	甘肃、内蒙古、黑龙江、吉林、辽宁、天津、山东、江苏、广东	甘肃、内蒙古、黑龙江、吉林、辽宁、天津、山东、江苏、广东	甘肃、内蒙古、黑龙江、吉林、辽宁、北京、山东、江苏、
城镇人口—土地相对匹配型	甘肃、河北、河南、浙江、广东	河南、浙江	湖北、浙江、上海	湖北、浙江、上海	湖北、浙江、安徽、广东、重庆、天津
低度失配城镇人口集中型	青海、四川、重庆、广西、湖北、安徽、江西、福建、海南、山西	青海、四川、重庆、湖北、安徽、山西、河北、上海、福建、广西、海南、湖北、江西	青海、山西、河北、河南、安徽、福建、海南、重庆	青海、四川、重庆、山西、河北、河南、安徽、福建、海南	四川、河南、山西、河北、江西、福建、广西、海南、上海

续表

省域尺度城镇人口—土地空间匹配性空间格局分析	2006 年	2007 年	2008 年	2009 年	2010 年
中度失配城镇人口集中型	陕西、云南、贵州、湖南	湖南、陕西	云南、四川、陕西、湖南、江西、广西	云南、陕西、广西、湖南、江西	青海、陕西、湖南、云南
高度失配城镇人口集中型		贵州	贵州	贵州	贵州

表4-5　　中国省域城镇人口—土地空间匹配性（2011~2015年）

省域尺度城镇人口—土地空间匹配性空间格局分析	2011 年	2012 年	2013 年	2014 年	2015 年
高度失配城镇土地集中型	西藏	西藏	西藏	西藏	西藏
中度失配城镇土地集中型	新疆、宁夏	新疆、宁夏	新疆、宁夏	新疆、宁夏	新疆、宁夏
低度失配城镇土地集中型	内蒙古、黑龙江、吉林、辽宁、北京、山东、江苏	内蒙古、黑龙江、吉林、辽宁、山东、江苏、北京	内蒙古、黑龙江、吉林、辽宁、山东、江苏、广东	内蒙古、黑龙江、吉林、辽宁、山东、江苏、广东、北京	内蒙古、黑龙江、吉林、辽宁、山东、江苏、广东
城镇人口—土地相对匹配型	甘肃、湖北、浙江、安徽、广东、重庆、天津	甘肃、重庆、湖北、安徽、浙江、广东、海南、天津	甘肃、重庆、湖北、安徽、浙江、海南、北京、天津	甘肃、重庆、湖北、安徽、浙江、海南、天津	青海、甘肃、重庆、湖北、安徽、浙江、海南、天津、北京

省域尺度城镇人口—土地空间匹配性空间格局分析	2011 年	2012 年	2013 年	2014 年	2015 年
低度失配城镇人口集中型	四川、河南、山西、河北、江西、福建、广西、海南	四川、河南、山西、河北、江西、福建、广西	青海、四川、河南、山西、河北、江西、福建、广西、贵州	青海、四川、河南、山西、江西、福建、广西、贵州	四川、陕西、河南、山西、江西、福建、广西、贵州
中度失配城镇人口集中型	青海、陕西、湖南、云南、上海	青海、陕西、湖南、云南、贵州、上海	陕西、湖南、云南、上海	河北、陕西、湖南、云南、上海	河北、湖南、云南、上海
高度失配城镇人口集中型	贵州				

2006 年，河北、上海、浙江等 6 个省域空间失配度在 -0.1~0.1 之间，属于相对匹配型，其中浙江省匹配型最高为 -0.059；有 17 个省域属于低度失配型，其中山西、安徽、福建等 10 个省域属于人口集中型；天津、内蒙古、辽宁等 7 个省域属于土地集中型；有 8 个省域处于中度失配型，其中湖南、贵州、云南、陕西等 4 个省域为人口集中型，北京、西藏、宁夏、新疆等 4 个省域为土地集中型。2006 年度没有省域属于高度失配型。2010 年，天津、浙江、安徽等 6 个省域属于相对匹配型；有 17 个省域属于低度失配型，其中河北、山西、上海等 9 个省域属于人口集中型，北京、内蒙古、辽宁等 8 个省域为土地集中型，有 6 个省域属于中度失配型，其中湖南、云南、陕西、青海等 4 个省域为人口集中型，宁夏、新疆为土地集中型，有 2 个省域为高度失配型，分别是贵州的 0.5613 与西藏的 -0.5062。

2015 年，北京、天津、浙江、安徽等 9 个省域为相对匹配型；有 15 个省域属于低度失配型，其中山西、福建、江西等 8 个省域属于人口集中型，内蒙古、辽宁、吉林等 7 个省域为土地集中型；有 6 个省域属于中度失配型，其中上海、河北、湖南、云南等4个省域为人口集中型，宁夏、新疆为土地集中型，仅有西藏 – 0.5814 为高度失配型。

结合近10年的各省域城镇人口—土地空间格局的分析，可以发现相对匹配型省域所占比重相对较小，普遍集中在我国中东部区域，比较有代表性的省域有湖北、浙江等；全国大部分省域都属于低度失配型，除2014年只占14个省域外，其余年度均占15个或以上，占全国省域数量一半或以上，其中内蒙古、辽宁、吉林、黑龙江等东北部省域长期处于低度失配城镇土地集中型，福建、江西、青海等省域则长期处于低度失配城镇人口集中型；中度失配型省域所占比重其次，其中城镇人口集中型比较有代表性的省域有湖南、云南、陕西等，城镇土地集中型比较有代表性的省域有宁夏、新疆等；高度失配型省域比重则最小，通常不会超过两个，值得注意的是在高度失配型省域中西藏长期处于城镇土地集中型，贵州长期处于城镇人口集中型。

四、结论与启示

本书通过构建城镇人口—土地空间匹配性评价模型，实现对我国省域城镇人口—土地空间失配度测算与评价，从而发现城镇人口—土地非匹配性问题。研究表明：（1）2006年以来，我国东部地区城镇人口—土地综合失配度呈现波动状态，而中部和西部地区则相对稳定；（2）城镇人口—土地综合空间匹配程度呈现出东部最高，中部次之，西部最低的特征；（3）从匹配性等级分布空间特征看，相对匹配型省域所占比重相对较小，普遍集中在我国中东部区域，低度失配型所占比重最大，基本维持在15个省域以上，高度失配型省域比重最小，通常不会超过两个，均位于西部地区。

基于以上分析，提出以下政策启示：

一是构建城镇人口—土地空间匹配性评估机制。当前在土地利用总体规划修编核心内容中，已有对上轮总体规划的实施评价，但缺少对城镇人口—土地区域空间失配度的评价内容，从而导致总体规划指标分解中未考虑城镇人口—土地的区域均衡性，土地利用总体规划失去了调整区域城镇人口—土地空间均衡发展的作用。因此在修编土地利用总体规划过程中，不能仅仅关注于上轮规划控制指标的执行情况，更应该关注城镇人口与城镇土地的空间均衡，并逐步构建城镇人口—土地空间匹配性评估机制，促进人口城镇化与土地城镇化的空间均衡发展。

二是根据空间匹配性类型和等级，合理优化城镇人口—土地空间配置。对于土地集中型省域，应依靠土地利用总体规划的控制作用，限制城镇用地规模的增长，调整城镇人口与城镇土地规模的对比关系，促进失配型向相对匹配型转变；对于人口集中型省域，应合理有序引导人口流入，给予相应城镇建设用地指标支持，为城镇化提供空间支撑，保障城镇化的健康有序发展。另外应关注省域空间失配度等级，采用有效的人口导入制度和城镇土地管制制度，促使城镇人口—土地失配型向相对匹配型转变。

三是关注城镇人口—土地空间均衡性内涵，构建和谐的人地关系。人口城镇化与土地城镇化的协调发展内涵不仅应包含发展速度与发展规模的协调，而且应该包含空间上的均衡性，这样才能避免土地资源闲置浪费和低效利用，充分发挥土地资源的城镇化发展空间支撑作用，实现人地关系的良好互动，保障城镇化的健康持续发展。

第三节　人口—土地城镇化发展水平协调性分析

固然"显性指标法"在测度人口—土地城镇化上具有直观、显性的优点，但是同时也失之于人口—土地城镇化内涵的充分表达。为了与"显性指标法"的测度结果构成对比，本节采用"综合指标法"测度人口—土地城镇化的发展水平，并基于"综合指标法"的测度结果评价人口—土地城镇化发展的协调性程度。

一、人口—土地城镇化综合评价体系构建

城镇化是构建现代城市体系，改善经济社会活动、改革土地利用方式的过程，是社会、经济和政治发展的积极结果①。从系统的、综合的层面分析，城镇化作为一个复合的自然社会过程，是人口、地域、自然、社会、经济的关系和模式由农村型向城市型转化的过程。根据城镇化的社会和自然属性，可以将其分为人口的城镇化和土地的城镇化，二者相互作用，联系紧密。人口城镇化是指城市吸纳农村人口，为他们提供教育、就业、社会福利等使之转化为城市人口的过程，人口城镇化不仅仅是指农村人口从数量上向城市转移，而且还应包括农村人口生活水平、生活方式、心理素质的城镇化②。城镇化过程中土地利用条件由农村形态转变为城市形态的过程为土地城镇化，土地城镇化侧重于城镇化的空间扩展和利用效率的提高，体现在土地用途的转换和资本的积累，其内涵不仅包括城镇化建成区的空间扩展，还包括单位土地面积资本投入的增加，单位面积土地产出值的提高等。

土地城镇化与人口城镇化的综合评价体系是基于全面性、系统性要求的基础上，并参考了已有的评价体系③构建而成。人口城镇化的评价内涵不仅包括人口城乡结构，还包括人口从业结构、人口收入水平、人口消费结构；土地城镇化评价内涵并不局限于城镇土地规模，还包括土地投入水平、土地产出水平、非农产值水平。评价体系见图 4 – 5。

---

① Rimal B. Urban Development and Land use Change of Main Nepalese Cities [D]. Wroclaw: University of Wroclaw, 2011.

② 陈明星，陆大道，张华. 中国城市化水平的综合测度及其动力因子分析 [J]. 地理学报，2009，64（4）：387 – 398.

③ 何平，倪苹. 中国城镇化质量研究 [J]. 统计研究，2013，30（6）：11 – 18.

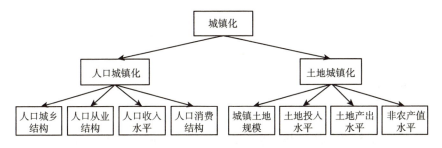

图 4 – 5　人口—土地城镇化评价体系

　　评价内涵需要采用具体的评价指标表示，因此在查阅相关资料的基础上，立足于数据的可获得性、可操作性和权威性，对人口城镇化的评价内涵：人口城乡结构、人口从业结构、人口收入水平、人口消费结构分别选择区域城镇化率、非农产业从业率、城镇居民人均可支配收入、城镇居民家庭恩格尔系数表征；对于土地城镇化的四个评价内涵：城镇土地规模、土地投入水平、土地产出水平、非农产值水平分别选择人均建成区面积、地均财政投入、地均国内生产总值、地均非农产业增加值表征。

　　评价指标数据来源于《中国统计年鉴》（1979～2015 年）、《新中国 60 年资料汇编》《中国国土资源年鉴》（1987～2012 年）、《中国国土资源公报》（2000～2015 年）。其中，为消除价格因素的影响，采用国内生产总值平减指数对国内生产总值进行了平减，采用固定资产投资价格指数对全社会固定资产投资额进行了平减，采用消费价格指数对人均收入进行了平减。

二、人口—土地城镇化综合发展水平分析

　　由于人口—土地城镇化发展协调性评价体系中各指标的量纲不同，因此需要首先对数据进行标准化。标准化方法有 Max-Min 标准化法和 Z-score 标准化法等。Max-Min 标准化法是对原始数据进行线性的变换，将原始数据集的各个元素通过"Max-Min 法"映射到 [0, 1] 的区间上，其数学原理是：

$$正向指标：x_i' = \frac{x_i - \min(X)}{\max(X) - \min(X)}$$

$$负向指标：x_i' = \frac{\max(X) - x_i}{\max(X) - \min(X)}$$

其中，x_i 为数据集 X 中的第 i 个元素，x_i' 是 x_i 通过 Max-Min 法标准化后的数据。Max-Min 标准化法的优点为标准化后的数据均为正值且处于 [0，1] 区间上。

Z-score 标准化法是基于原始数据的均值（mean）和标准差（standard deviation）对数据进行标准化，其数学原理是：

$$x_i' = \frac{x_i - mean(X)}{std(X)}$$

其中，x_i' 是 x_i 通过 Z-score 法标准化后的数据，x_i 为数据集 X 中的第 i 个元素。原始数据经过 Z-score 标准化法标准化后，转化为均值为 0、方差为 1 的数据集。Z-score 标准化法的缺点是标准化后的数据存在负值，不利于数据分析，但是其同时具有很显著的优点，Z-score 标准化法不必事先定义数据集的最大值和最小值，因此在标准化过程也被广泛应用。鉴于 Max-Min 标准化法与 Z-score 标准化法的特点与适用范围，选取 Max-Min 标准化法对原始数据进行标准化。

数据标准化以后，继而采用层次分析法计算人口城镇化与土地城镇化评价指标的权重，层次分析法计算的数学原理为：

首先构造判断矩阵 $A = (a_{ij})_{n \times n}$。在确定判断矩阵中各元素值的问题上，一般采用 1~9 比例标度法[①]。具体方法是，设待求权重的 n 个因素为 u_1，u_2，$\cdots$，u_n，则两两比较其重要性，共要比较 $\frac{n(n-1)}{2}$ 次。第 i 个因素 u_i 与第 j 个因素 u_j 重要性之比为 a_{ij}。由于人的决策的局限性影响，只有因素之间采取两两比较，才能准确反映元素的排序。对比较结果赋值采用"1~9 比例标度法"，即：

①　当然，层次分析法对于判断矩阵元素的赋值亦可以采用"和积法"，即"0.1~0.9 标度法"，文中采用的是"方根法"即"1~9 比例标度法"。

$a_{ij} = 1$ 表示 u_i 与 u_j 重量相同，或重要性相同；

$a_{ij} = 3$ 表示 u_i 比 u_j 稍重；

$a_{ij} = 5$ 表示 u_i 比 u_j 明显重；

$a_{ij} = 7$ 表示 u_i 比 u_j 强烈重；

$a_{ij} = 9$ 表示 u_i 比 u_j 极端重；

而 a_{ji} = 1/1，1/2，1/3，…，1/9，数 2、4、6、8 则为上述判断的中值，取 1～9 比例标度的原因在于，人们直觉至多能判断出 9 个等级的差异和层次，而层次分析法中的判断矩阵是靠人的认知能力去识别的。故而一般采用 1～9 的比例标度。现在对构造的判断矩阵进行考察，对于 n 个因素的判断矩阵，其判断矩阵 $A = (a_{ij})_{n \times n}$ 显然满足以下条件：

$$a_{ij} > 0, a_{ij} = \frac{1}{a_{ji}}, a_{ij} = 1$$

判断矩阵构建过程中，共需进行 $\frac{1}{2}n(n-1)$ 个判断，所以构造出的判断矩阵是正的互反矩阵，判断矩阵对角线上元素为 1，所以判断矩阵也可以表示为上三角或下三角矩阵。在判断矩阵构建完毕之后，可以采用"归一化法"和"求解特征方程法"两种方法求解权重向量，但是由于判断矩阵"一致性"的问题，使得两种方法求得的权重向量不同。利用最小二乘法可以证明："求解特征方程法"得出的权重向量平均误差最小，所以我们在研究中采用此方法求解权重向量。

针对判断矩阵"一致性"问题，在权重向量求解结束之后，需要对判断矩阵进行一致性分析。具体方法是：具有一致性的比较矩阵，其最大特征值为 n，即如果一个成对的比较矩阵的最大特征值为 n，其就一定具有一致性。但是现实比较矩阵中，由于人为判断因素，存在估计的误差，破坏了一致性，导致特征向量和特征值存在偏差。λ_{max} 表示有偏差的最大特征值，则 λ_{max} 和 n 之间的差值反映了比较矩阵的不一致程度，再考虑到因素个数，于是一致性指标 CI 存在以下的关系。

$$CI = \frac{\lambda_{\max} - n}{n - 1}$$

构造平均随机一致性指标 *RI* 的指标。*RI* 用随机的方法构造 500 个样本矩阵，再随机地从 1 ~ 9 及其倒数中抽取数字构造正互反矩阵，这样求得的最大特征根的平均值为 $\lambda'_{\max}$。

$$RI = \frac{\lambda'_{\max} - n}{n - 1}$$

求出 *CI* 和 *RI* 后，就可以构造出表征一致性比例的指标 *CR*。

$$CR = \frac{CI}{RI}$$

当 *CR* < 0.10 时，认为判断矩阵的一致性是处于可以接受的范围内；当 *CR* ≥ 0.10 时，判断矩阵的一致性就不处于满意的范围，需要对判断矩阵核查修正，使其处于满意的范围。

采用层次分析法对人口—土地城镇化评价体系指标进行权重的测算，咨询专家构成情况见表 4 - 6，测算结果为权重向量 λ = (0.47, 0.3, 0.11, 0.12, 0.46, 0.1, 0.16, 0.28)^{T}，然后采用人口—土地城镇化评价模型对评价体系各项指标进行加权测算，人口—土地城镇化发展水平评价结果见表 4 - 7。

表 4 - 6　　　　　　　　　层次分析法咨询专家构成

序号	专业	学历	研究方向
1	土地资源管理	博士、教授	土地利用规划
2	土地资源管理	博士、讲师	土地利用规划
3	土地资源管理	博士	土地经济与管理
4	土地资源管理	博士	农村土地制度
5	农业经济学	博士、教授	农业经济理论与政策
6	农业经济学	博士	农村金融
7	农业经济学	博士	生态经济

　　根据评价结果可以知道，人口城镇化发展综合水平普遍大于土地城镇化综合发展水平。土地城镇化与人口城镇化根据其内涵可以分为数量发展和质量发展两个维度，上节研究分析土地城镇化与人口城镇化发展规模便是其数量维度发展的分析。通过上节分析可以知道，土地城镇化数量发展要显著地高于人口城镇化，因此在土地城镇化综合发展水平低于人口城镇化发展水平的情况下，我们可以得出土地城镇化发展质量要低于人口城镇化发展质量。

表 4 –7　　　　　人口—土地城镇化综合发展水平（2013 年）

年份	人口城镇化	土地城镇化	年份	人口城镇化	土地城镇化
1978	0.0084	0.0005	1996	0.3897	0.3851
1979	0.0305	0.0173	1997	0.4248	0.3743
1980	0.0471	0.0464	1998	0.4559	0.3658
1981	0.0631	0.0633	1999	0.4882	0.3466
1982	0.0668	0.0617	2000	0.5231	0.3551
1983	0.0787	0.0651	2001	0.5514	0.3847
1984	0.1286	0.0965	2002	0.5782	0.4256
1985	0.1732	0.0854	2003	0.6110	0.4762
1986	0.2019	0.1028	2004	0.6449	0.5239
1987	0.2146	0.1163	2005	0.6873	0.5760
1988	0.2364	0.1640	2006	0.7326	0.6071
1989	0.2200	0.1655	2007	0.7723	0.6582
1990	0.2254	0.1731	2008	0.7941	0.6881
1991	0.2390	0.2105	2009	0.8379	0.7405
1992	0.2608	0.2407	2010	0.8807	0.7942
1993	0.2995	0.2992	2011	0.9175	0.8855
1994	0.3260	0.3434	2012	0.9448	0.9388
1995	0.3501	0.3839	2013	1.0000	1.0000

本章小结

本章基于人口—土地城镇化时空分异研究的基础上，对人口—土地城镇化协调性进行了研究。本章内容主要包括三个部分，即基于时间维度的人口—土地城镇化发展协调性研究、基于空间维度的人口—土地城镇化发展空间匹配性研究和人口—土地城镇化综合发展水平对比分析。

人口—土地城镇化发展协调性研究主要从发展速度偏移度分析、情景模拟和协调等级判断进行研究，研究发现：（1）土地城镇化发展速度快于人口城镇化发展速度，人口城镇化发展相对滞后。（2）基于情景模拟的计算结果显示人口城镇化发展滞后土地城镇发展规模约18个百分点。（3）基于空间维度的人口—土地空间匹配性研究结果表明，2005年以来，我国东部地区城镇人口—土地综合失配度呈现波动状态，而中部和西部地区则相对稳定；城镇人口—土地综合空间匹配程度呈现出东部最高，中部次之，西部最低的特征；从匹配性等级分布空间特征看，相对匹配型省域所占比重相对较小，普遍集中在我国中东部区域，低度失配型所占比重最大，基本维持在17个省域左右，高度失配型省域比重最小，通常不会超过两个，均位于西部地区。（4）由于人口城镇化与土地城镇化发展的综合性特征，本章还基于人口—土地城镇化的综合评价模型对人口、土地城镇化发展进行对比分析。研究发现，人口城镇化发展综合水平普遍大于土地城镇化综合发展水平，因此在分离人口—土地城镇化数量和质量的情况下，土地城镇化发展质量要低于人口城镇化发展质量。

第五章　人口—土地城镇化发展非协调性问题产生原因及现实危害

城镇化是一个综合发展的系统，人口城镇化与土地城镇化作为系统两个重要的维度，人口城镇化是城镇化发展的内容，土地是城镇化发展的空间支撑，人口城镇化与土地城镇化的协调发展对城镇化系统的良性发展具有关键作用，顾此失彼都将影响城镇化的发展，造成城市病等社会与环境问题。因此，分析探讨人口—土地城镇化发展非协调性问题产生的原因和危害对于总结和治理负效应问题具有重要的意义。

本章首先从经济、制度层面探讨人口—土地城镇化发展非协调性问题产生的原因，进而分析非协调性问题在社会与经济领域、资源与环境领域的现实危害。

第一节　非协调性问题产生的原因

一、非协调性问题产生的经济原因

（一）土地用途间经济效率差异

市场是一个趋利的系统，农地的社会保障价值、生态价值、景观价值等非生产性价值无法在市场中得到有效的表达，所以在利益的驱动下，农地资源向非农用途转换。根据原国土资源部公布的数据，2012 年全国建设用地使用权出让的成交价款为 2.69 万亿元，出让面积为 32.28 万公顷，可以计算出全国建设用地平均价格为 56 万元。而农用地的净产值全国平均水平约为 3 000 元，建设用地和农地的经济价值差异巨大。由于土地农用地用途与建设用地用途价值的差异，导致在土地利用过程中，土地利用者会基于对经济利益的追求，推动土地的城镇化。

(二) 房地产业的过快增长

在旧的计划经济体制下，城市建设用地土地使用权属于"三无"状态——"无偿、无期限、无流转"，居民住房靠单位实物分配，没有土地市场和房地产市场，房地产投资不足，土地利用效率低下。1980 年起中国实施了城镇住房体制改革，逐步推动住房的市场化。但是此时绝大部分单位依旧采用单位福利分房的模式配给住房，房地产市场发展缓慢。直到 1998 年中央政府下达文件要求停止城镇居民住房的实物分配，逐步实施住房分配的货币化，并出台了相关的房地产消费鼓励支持政策，自此中国房地产市场开始活跃并得到了前所未有的发展[1]。城镇居民人均住房面积由 1978 年 6.7 平方米，达到 2011 年的 32.7 平方米[2]，人均住房面积[3]增加了 4 倍多。

房地产业的蓬勃发展无疑引发对土地城镇化的巨大需求，因此我国房地产业的快速发展是推动土地城镇化的产业动力和重要因素。同时，由于房地产业发展的逐利性，未能与人口城镇化的发展相协调，因为高房价增加了迁移成本，抑制了人口城镇化，导致部分居住区沦为"空城""鬼城"，房地产业是影响人口—土地城镇化发展协调性的重要因素。

---

① 易宪容. 中国住房市场的公共政策研究 [J]. 管理世界, 2009 (10)：62 – 71.

② 国家统计局. 中国统计年鉴 (2012) [M]. 北京：中国统计出版社, 2012.

③ 人均住房面积是一般的说法，准确表述应为"城镇居民人均住房建筑面积"，见《中国统计年鉴 (2012)》表 10 – 35 "城乡新建住宅面积和居民住房情况"。

（三）开发区的盲目设立

开发区是我国改革开放的窗口和试验田，我国自 1984 年国务院批准设立第一个开发区以来，开发区依托政策和体制优势，得到迅速发展。这些开发区名称多样，有叫"经济开发区""高新技术开发区""工业园"，也有叫"创业园""创意园""大学城""软件园"的。开发区在地方经济发展中起到了巨大的推动作用，但是其所引发的违法圈占土地、土地资源闲置浪费、土地低效率利用、损坏农民利益等问题也十分严重。

开发区违规设立现象普遍。根据国务院研究室宏观经济司的统计数据，2004 年国务院对开发区进行清查验收，除内蒙古自治区以外，共清理核查出各类开发区 6 741 个，规划用地面积共 3.75 万平方公里，超过了当年全国城镇建设用地 3.15 万平方公里的总和，其中经过国务院批准的有 232 家，省级政府批准的有 1 019 家，全国约有 70% 的开发区是未经批准设立的。经过对违法违规行为的查处，共撤销开发区 4 735 个，占开发区总数的 70.2%，核减开发区面积 2.41 万平方公里，占原有开发区规划面积的 64.4%。

开发区违法圈占土地现象十分普遍，违法占用土地行为主要有"非法占用""未批先用""少批多用"和绕过审批权的"零批整用"等。例如，《土地管理法》规定征收基本农田、基本农田以外的耕地超过 35 公顷的、其他土地超过 70 公顷的需要报国务院批准，地方政府为能绕过国务院的审批权，采用"化整为零"，将一个项目用地分解为多个项目进行分次申报，或者擅自修改土地利用总体规划，将本应该占用的基本农田地块调整为一般耕地或者建设预留地。

还有地方政府为追求政绩、吸引项目投资，实施低价招租甚至是零地价招租，但同时却是采用征地的方式以较低的价格将土地从农民手中征收过来，大量农地资源被转为建设用地资源，由于农地资源的不可逆性或弱可逆性，农地转用后很难再复垦恢复为原先的农地质量。开发区的大量设立导致了大量的农地被城镇化。

二、非协调性问题产生的制度原因

（一）城乡二元分割的户籍制度

中国近代户籍制度管理可以追溯到 1949 年以前的"保甲制度"，苏联的"身份证制度"（Soviet Passbook System）对我国户籍制度的形成也产生了重要的影响①。新中国成立以来，我国逐渐形成了城乡二元的户籍管理制度，限制了人口的自由迁移，特别是对城镇户籍人口和农村户籍人口之间的迁移产生了障碍。

当前中国独特的城乡二元户籍结构是造成人口城镇化滞后的重要原因。由于城镇户籍绑定了丰富的城镇福利，地方政府希望吸纳农村人口到城镇就业，为城镇发展提供人口红利，但不愿意承担农村人口城镇化所带来的成本，因为人口城镇化需要政府投入大量资金提供公共服务和产品，根据中国社科院发布的《中国农业转移人口市民化进程报告》（2014）测度的数字，实现一个农业人口市民化所带来的公共成本为 13 万元，其中，东、中、西部地区人口转移的公共成本分别为 17.6 万元、10.4 万元和 10.6 万元。地方政府基于利益最大化的考虑，自然不愿意承担农业人口市民化所带来的成本，而希望农业人口流入城市就业。地方政府如果不能对进城务工及其随迁子女的公共服务、社会保障等做出合理安排，土地城镇化对人口城镇化的带动作用就比较有限，这种城乡二元体制必然造就了人口城镇化的滞后。

人口的城镇化并不等同于"市民化"，因为国家统计局统计口径的城镇化率是按照城镇化常住人口与总人口的比值，这部分城镇化常住人口——非城镇化户籍人口，不能享受与城镇化居民一样的就业、教育、医疗、社会保障等公共服务，从而阻碍了农村转移人口的市民化。因为

---

① Cheng T, Selden M. The origins and social consequences of China's hukou system [J]. The China Quarterly, Vol. 139, (1994), pp. 644 – 668.

户籍的壁垒，这部分非城镇化户籍城镇常住人口，可能在城镇居住若干年后选择返回农村生活，所以城乡户籍制度的壁垒阻碍了人口的城镇化。

（二）当前政府财政体制的缺陷

当前的"土地财政"现状也是导致土地城镇化过度的重要原因。1994年分税制改革之后，地方政府的财权和事权不对等，地方政府基于政绩考核的考虑追求 GDP 的增长，通过征收和出让土地获得城市建设和维护的资金，土地出让收益已经普遍占地方政府财政收入的 30% ~ 60%。在现行的土地管理体制下，政府垄断土地一级市场，农村土地入市必须先被政府征收为国有土地，土地被征收后地方政府通过招标、拍卖、挂牌等方式出让给使用土地的单位和个人。然而在这个过程中土地增值收益被大部分截留，农民土地所有者权利没有真正实现。政府只是按照农用地用途给予土地所有者农民集体和农民补贴，然而农民拿到的补偿只占土地增值总收益的 5% ~ 10%①，而"农地→建设用地"过程中"土地发展权"部分被政府和相关投资者拿走，这部分占 60% ~ 80%，正是由于如此巨大的利益驱动，政府有极大的动力征收农村集体土地，以增加地方财政收入。土地财政主要是依靠增量土地创造财政收入，必然导致农村集体所有土地和国有土地被征收的数量呈递增的状态。

（三）现行农村土地管理制度

现行的《中华人民共和国土地管理法》规定，"中华人民共和国实行土地的社会主义公有制，即全民所有制和劳动群众集体所有制""农村和城市郊区的土地，除由法律规定属于国家所有的以外，属于农民集

---

① 根据国务院发展研究中心发布的调查结果，调查显示征地之后，土地增值部分的收益分配中投资者拿走了大头，占 40% ~50%，政府拿走了 20% ~30%，村级组织留下了 25% ~30%，农民最终拿到的补偿款只占到整个土地增值收益的 5% ~10%。

体所有；宅基地和自留地、自留山，属于农民集体所有"。农村土地归农村集体所有，农民集体组织是农村土地的所有者，个人取得农村土地使用权的前提是个人必须归属于某个集体组织，一旦农民个人"城镇化"后成为城镇人口，就将失去农村土地的承包经营权及农村宅基地的使用权。农村土地作为农民重要的财产和生活保障，大部分农民都不愿意轻易放弃，这影响了农村人口的城镇化，导致了人口城镇化发展的滞后。土地市场的二元化也促使地方政府大规模征用农地，《土地管理法》规定"国家为了公共利益的需要，可以依法对土地实行征收或者征用并给予补偿"，实际上公共利益是很难明确界定的，这给了政府极大的权力。政府垄断了建设用地使用权的有偿出让市场，同时征收农地的补偿费用较低，土地补偿费、农民安置补助费均是按照被征收土地前 3 年的平均年产值的一定倍数（不得超过 30 倍）计算。政府征用土地承担的成本过低，而通过招标、拍卖市场化的方式获得的土地出让金极高，导致征地利益分配不均衡。土地征用制度的非市场化和土地出让制度的市场化形成的级差地租，极大地激励了地方政府非理性地推动土地城镇化的发展。

（四）内在发展机制

我国的城镇化发展是政府主导型，在进行城镇化建设和扩张中，通过行政权力对资源进行配置，大量的资金、土地、技术等要素资源流向城市，推动城镇化发展。土地城镇化与地方政府之间存在激励相容，通过以地谋发展，推动城市扩张有利于地方政府的经济建设。而人口城镇化与地方政府的经济发展目标激励不相容。因为城市的户籍制度限制，农村居民享受不到均等的公共服务，政府可以节省这部分的公共服务开支，缺乏为农村转移人口提供社会保障和公共产品的动力。在人口城镇化和土地城镇化的发展过程中，政府主要考虑的是经济发展，并未充分考虑新建开发区的产业支撑和产业吸纳能力，也未建立城镇建设用地数量增加同吸纳农业转移人口落户数量挂钩的机制。目前的新增建设用地指标主要服务于地方经济发展的需要，较少考虑土地城镇化与人口城镇化的协调性。政府也没有积极为农业转移人口落户城镇提供政策和制度帮助，而农民自身无法承担市民化的成本，从而导致人口—土地城镇化非协调发展。

第二节　非协调性问题产生的危害

一、引致的社会与经济领域的问题

（一）产生城镇近郊"贫民窟"或棚户区问题

贫民窟（slum），联合国人类居住规划署的定义为："以低标准和贫穷为基本特征的高密度人口聚居区"，拉丁美洲在城镇化过程中造成的"贫民窟"问题最具代表性。以拉美最为发达的国家巴西为例，巴西城镇化起步于20世纪50年代，目前巴西城镇化率已经接近85%，据联合国相关预测，到21世纪中叶将达到90.1%，巴西人用50年左右的时间，走完了英美发达国家一两百年才走完的城镇化进程，但是巴西快速城镇化的背后导致的"贫民窟"问题不得不引起我们的深思。巴西现有贫困人口约5 000万人，有1 500万人居住在农村地区，剩余的3 500万人居住在城市，而这3 500万分布在城市的贫困人口大部分居住在贫民窟。巴西典型的贫民窟住房是将砖瓦、铁皮、纸板用铁丝、麻绳捆扎在一起的建筑物，各家房屋之间的界限区分不清楚，供水系统、排污系统、卫生设施都是不存在的，贫民窟到处充斥着污水、秽物及其散发出的难闻的气味。巴西贫民窟问题削弱了国家和民族的凝聚力，造成了国民之间情感的隔阂和对立，增长了社会的犯罪和暴力活动，影响了社会的稳定①。

---

① 杜悦. 巴西治理贫民窟的基本做法 [J]. 拉丁美洲研究, 2008, 30（1）: 59 – 62.

巴西贫民窟产生的原因普遍认为是源于巴西的大地产制，即土地占有的不平等。根据巴西地理统计局的统计，巴西1%的农村土地所有者占有了45%农村土地面积，农业生产需要大量的劳动力，许多没有土地的农村人口受雇于大庄园主，所以19世纪三四十年代之前人口流动较少。随着农业机械化和工业化发展，农村对劳动力需求较少而城市开始对劳动力的需求增加，大量人口开始涌入城市，但是问题随之出现，一方面，农村劳动者缺乏专业知识和技术，很难在城市现代工业部门中找到合适的工作，城市失业率较高；另一方面，农村劳动者在城市就业由于专业技术限制，普遍收入较低，这样他们根本无力在城市购买住房，而政府城镇化发展政策也没有考虑贫困人口的需求。但是同时，这些农村人口又无法返回农村，一是自己本身没有土地可以依赖，二是农村机械化发展不需要太多的劳动力。这就导致了这些农村人口集聚在城市边缘，形成了"贫民窟"的现状。

拉美地区的"贫民窟"是城镇化发展过快的重要教训，我们应该吸取教训，避免这种问题的产生。我国土地城镇化过程中，如果农民土地全部被征收，而同时农民没有享受到城镇化户籍人口一样的就业、医疗、养老和社会保险等待遇时，极易出现如拉丁美洲地区的"贫民窟"问题。拉美地区城镇化过程中出现的贫民窟问题给我们的启示，一是农村人口的城镇化过程中要保障其拥有必要的生活资源和收入来源，提供必要的住房等基本生活设施；二是对在城镇中长期工作的"农村人口"提供必要职业教育和专业技能培训，促使其在城市能获得一份稳定的工作、拥有固定的收入来源。

（二）阻碍乡村人口城镇化、妨害农民利益

人口—土地城镇化非协调发展的当前重要表现之一，就是人口城镇化的滞后，特别是户籍城镇化的发展滞后。我国当前户籍制度中城镇户籍绑定了大量的城镇社会福利。这就出现了地方政府利益最大化的问题，一方面，地方政府希望吸纳农村人口到城镇就业，为城镇发展建设

提供低价的劳动力，以获得人口红利；另一方面，却不愿意承担农村人口城镇化所带来的成本。因为人口的城镇化需要政府投入大量资金提供公共服务和产品，根据中国社科院 2014 年发布的《中国农业转移人口市民化进程报告》中测算的数字，实现一个农业人口市民化所带来的平均公共成本为 13 万元。其中，东、中、西部地区人口转移的公共成本分别为 17.6 万元、10.4 万元和 10.6 万元，东部地区人口城镇化的成本远远大于中西部地区。因此，地方政府基于利益最大化的考虑，自然不愿意承担农业人口市民化所带来的成本，而仅希望农业人口进入城市就业，这种状况影响人口的市民化，阻碍了城镇人口的自然导入，也损害了农民的权益。根据相关统计，目前中国大约有 2 亿没有户籍的城镇常住人口。农业是国民经济发展的基础，农民为城镇化发展和经济发展作出了贡献，农民却在城镇化的过程中无法享受到和城镇居民同等的公共服务和福利。

（三）扩大了收入的差距、影响社会的稳定

地方政府基于征地过程的巨大收益，积极推动土地征收工作，导致大量耕地资源转换为城镇用地，根据有关研究显示，每征收一亩耕地就会产生 1.5 个失地农民。土地城镇化发展导致了大量的失地农民，但是同时人口城镇化却在一些制度壁垒的阻碍下发展相对滞后。于是就产生了这样的后果，部分农民因土地城镇化的快速发展而失去赖以生存的土地，而同时又没有获得合法的城镇人口身份及城镇的社会保障和社会福利。农村的农地资源对于农民而言，其社会保障价值要大于生产性价值，因此被征地农民失去赖以生存的土地后，失去了固有的农地资源提供的社会保障，导致部分失地农民的贫困化，扩大了社会的收入差异。

农地资源价值包括生产性价值和非生产性价值，而当前农地资源对于农民来讲，其社会保障价值要大于生产性价值。当前城镇化过程中出现的土地城镇化过度现象，是忽视土地城镇化后农民的社会保障问题的

重要表现。当前我国城镇化率为 53.7%，需要注意的是这个数字是常住人口的城镇化率，包含了进城务工的农村户籍人口，据估计大概有 2 亿人，真正的户籍人口城镇化率为 36% 左右，二者相差 17 个百分点。这部分人口被有些学者称为"钟摆式""候鸟式"城镇化人口，这部分人长期居住工作在城市，但是却无法享受与城镇户籍人口一样的教育、医疗、养老、就业、社会保障等公共服务，随着年龄的增大，他们其中很大一部分人都是要重新回到农村生活，土地就是他们重要的社会保障，而过度的土地城镇化导致他们丧失土地，失去基本的社会保障，于是这部分人可能会成为"流民"，生活在城市的边缘，影响城市的发展和社会的稳定。

（四）陷入"中等收入陷阱"发展状态

世界银行在 2006 年发布的《东亚经济发展报告》中提出了"中等收入陷阱（Middle Income Trap）"的概念，其基本内涵是很少有中等收入的经济体能成功跻身高收入国家的行列，这些国家既无法在工资方面与低收入国家竞争，又无法在先进技术研发领域与高收入国家抗衡，其经济增长陷入了停滞期。"中等收入陷阱"的论述主要源于对巴西、智利和马来西亚等国家的分析。巴西、智利和马来西亚等国家早在 20 世纪 70 年代已经步入中等收入国家行列，但是到 2007 年这些国家的人均 GDP 仍然徘徊在 3 000～5 000 美元，未迈入高收入国家行列，且没有表现出增长的动力与希望。因此，"中等收入陷阱"是指当一个国家人均收入达到中等收入水平后，没能实现经济增长方式的顺利转型，而陷入的经济停滞状态。

2013 年底我国 GDP 总量 94 946 亿美元，人均 GDP 超过 6 995 美元[①]，中国正处于中等收入向高收入阶段迈进阶段，但是当前中国依然是高资源消耗、高污染的经济增长模式，政府财政资金依靠低价征收高

---

① 世界银行界定一个国家（或者地区）人均收入达到 10 000 美元，为高收入国家。

价出让的收入模式，土地资源闲置浪费，这些问题都将阻碍中国向高收入国家的迈进，可能会掉入"中等收入陷阱"。

（五）影响我国城镇化发展的水平和质量

我国城镇化发展过程中存在城镇土地盲目扩张、城镇建设粗放无序，存在大量空城、产业空心化现象，同时人口城镇化方面城镇化率虚高。两者之间的非均衡性矛盾日益凸显。衡量一个国家或地区的城镇化发展水平必须考虑人口城镇化水平和土地城镇化水平的协调性。人口—土地城镇化非协调性发展导致我国城镇化质量不高，城镇内部发展与区域间土地利用结构失调，盲目扩张用地造成重复建设现象严重，政府热衷于开发区、新城区的建设，摊大饼式的发展，产业缺乏规划，人口吸纳能力不足，影响我国整体的城镇化水平和质量。人口城镇化对土地城镇化发展有促进作用，土地城镇化则为人口城镇化发展提供空间支撑，两者协调互动发展才能真正提高我国城镇化发展的水平。

二、引致的资源与环境领域的问题

（一）导致土地闲置浪费及利用效率低下

农地资源价值包含生产性价值以及生态价值、景观价值和社会保障价值等非生产性价值，由于农地资源的非生产性价值无法在市场中得到有效表达，以及城镇用地与农用地的巨大经济效率差异，各行为主体在经济利益驱动下，促使了农地资源的城镇化转变。开发区的无序、违规设立便是地方政府追逐经济效益的体现，直接导致了农地资源违规占用、数量急剧下降，而同时由于大部分开发区急于设立，投资无法保障，致使土地闲置浪费问题严重。

我国自1978年实施改革开放以来，地方政府基于特殊政策支持，为吸引投资、发展经济，大范围设立开发区。开发区的设立对我国经济发展的推动作用毋庸置疑，但是其出现的严重的土地城镇化过度问题也不能被忽视。基于经济发展对资金的渴望，为了吸引投资，不少地方政府实施低价招租甚至是零地价招租，进而采用圈占城乡边缘区土地设置园区，设立和构建工业开发区。和城乡边缘区开发区设立相关联的是农地的征用与农地的非农化，土地用途由农业用途转化为工业用途，由于农地资源的不可逆性或弱可逆性，农地资源地非农化后将很难恢复到原先的肥力、环境和生态状况。同时，由于大部分开发区设立缺乏统一规划和协调，缺乏有效的产业支撑，导致开发区低效利用与闲置浪费。据相关统计2003年全国各类开发区（一部分为违法设立）共有6 866个，规划面积3.86万平方公里①。

"冒进式"的新城区建设同样导致了土地资源的闲置浪费。地方政府基于GDP发展、政绩因素等的考虑，在缺乏合理的评估、脱离实际需求的情况下盲目给城市发展设立目标，据相关统计，当前我国200多个地级市中有183个提出要建设国际化大都市，多以"智慧城、科技城、现代城"为口号，而忽视了城市的发展阶段。

为了实现城市发展的高端定位，地方政府纷纷建设新城区，根据国家发展改革委城市和小城镇改革发展中心2013年6月的一份报告，调查涉及12个省。调查区域12个省会城市全部提出建设新城区，共规划建设新城区55个，其中武汉规划建设11个新城区，沈阳规划13个新城区。156个地级以上城市，提出建设新城区的有145个，占调查城市总数的92.9%。在144个地级市中，提出建设新城区的有133个，占总数的92.4%，计划设立新城区200个，平均一个地级市计划设立1.5个新城区。161个县级市中有67个计划设立新城区，占41.6%。和大部分开发区一样，在缺少产业支撑和人口集聚的前提下，新城区的大量设立造成土地资源的闲置和浪费。同时，建设新城区自然需要大量城镇化用地

---

① 人民网，http://finance.people.com.cn/GB/6280066.html.

支撑，于是大量耕地被征收，造成耕地资源的大量流失，耕地资源安全受到威胁。

近年来城镇化发展过程中出现的"鬼城""空城"等现象也是土地利用效率低下的直接例证。"鬼城"本是地理学名词，是指因为资源枯竭、环境恶化而被废弃的城市。而现在是指随着城镇化的发展，城市开始建造高标准新区，但是由于空置率过高，夜晚鲜有开灯，一片漆黑，被形象地称为"鬼城"。"鬼城"现象背后所隐藏的是人口—土地城镇化的非协调性问题。由于过度的土地城镇化，而缺乏合理人口导入机制和产业支撑，导致人口集聚不足，土地城镇化的后果是土地浪费和其他资源的浪费。

根据以上分析，不难看出人口—土地城镇化非协调性发展的后果，一方面是土地城镇化过度导致的耕地资源的快速减少，耕地资源安全受到严重威胁；另一方面是城镇化中新增建设用地没有产业支撑和人口集聚，造成土地闲置浪费，这些问题都亟待解决。

（二）导致城镇区域生态环境的退化或恶化

城镇化是影响气候变化的重要人类活动之一（Kalnay E，Cai M，2003）[1]，"雾霾"天气是城镇化发展滋生的环境问题的重要外在体现，是城镇化发展负外部性。2012~2013年我国大部分城市受到雾霾的侵扰，如江苏南京市在2013年12月5日发布雾霾红色警报，中小学全部停课，甚至一向被认为是纯净之地的西藏也出现了较为严重的雾霾。雾霾具有以下特点：一是涉及范围广，雾霾遍布全国各省、自治区和直辖市；二是存在区域差异，北方省份污染强度大于南方省份；三是存在季节差异，我国雾霾天气多发于冬季。雾霾易损伤肺部，引起呼吸系统及其他系统的疾病。空间拥挤、"卧城""鬼城"现象、雾霾天气、土地污

---

① Kalnay E，Cai M. Impact of urbanization and land – use change on climate［J］. Nature, Vol. 423, No. 6939（2003），pp. 528 – 531.

染等问题严重影响了人民的生活，阻碍了经济的持续健康发展，亟待采取有效的措施进行解决。雾霾天气出现是由于人口在空间上的分布不均衡导致的。中心城区人口过于集中，工业过于集聚，产生的废弃物超过了环境的自净能力。

土地城镇化的过度导致农地资源加速减少，农地资源的生态环境功能将消失，而且影响生态系统的稳定性，当生态系统的破坏超过其自身恢复能力时，就出现了环境问题，当前，空气污染、河流湖泊污染、土壤污染、土地退化都与土地的过度城镇化有着密切的联系。另外，土地被征收变为城镇用地后，农民未享受城镇居民医疗、就业、养老的福利，促使农民去开垦荒山、滩涂、森林，这也加速了对生态系统的破坏，妨碍可持续发展的实现[①]。

（三）导致城镇空间拥挤及交通拥堵等问题

根据人口—土地城镇化发展的空间匹配性分析我们可以知道，我国总体上呈现土地城镇化过快、人口城镇化相对滞后的状态，但是由于人口—土地城镇化发展的空间匹配性的区域差异性，导致区域土地资源与人口分布的空间非均衡，即存在部分城市空间的拥挤或者同一城市不同区域空间的拥挤。

中心城区空间拥挤也是常见问题之一。中心城区土地发育比较成熟，拥有比较完善的公共服务设施，大量人口都自发向中心城区集聚，但在缺乏合理的人口—土地匹配性调节机制的情况下，势必导致中心城区人口的超负荷，引起中心城区的空间拥挤问题。解决中心城区空间拥挤可以从建设多中心城市、加强非中心城区公共服务建设等几个方面入手。

常见的交通拥挤问题也可以从人口—土地城镇化空间匹配性问题得

---

① 荀守奎. 城镇化进程中土地被过度占用的根源及对策研究 [J]. 当代世界与社会主义，2011（2）：145－148.

到解释。土地城镇化过程中，在土地用途未得到合理规划的情况下，居住区和工作区距离过远，人们工作出行需要花费较长的时间，这是导致交通拥挤的重要原因。据相关统计，全国 665 个城市中，约有 2/3 以上的城市在交通高峰时段出现拥堵的状况，这在北京、上海、广州、深圳一线城市更为严重。北京交通拥堵时间已经由 2008 年的日均 3.5 小时，增加到现在的日均 5 小时①，按照日均 16 小时通勤时间（除去休息时间，一般情况下人们的通勤时间为 7：30 ~ 23：30）计算，也就说每天有 1/3 的时间处于交通拥堵状态，拥堵占用了人们的有效工作时间，增加了商品流通成本、心理不适成本，给人们工作、生产增加了巨大的时间成本。

本章小结

对人口—土地发展非协调性产生原因的分析有助于发现问题根源，提出有效的解决措施，实现人口—土地发展非协调性状态的转变。

本章首先从经济原因和制度原因探讨了人口—土地发展非协调性问题产生的根源。研究发现，人口—土地非协调性发展的经济原因有：（1）土地用途间的经济效率的差异；（2）房地产业的过快增长；（3）开发区的盲目设立。制度层面的根源主要包括：（1）现行的城乡二元户籍制度；（2）当前政府财政体制的缺陷；（3）现行农村土地管理制度；（4）内在发展机制。因此实现人口—土地城镇化协调发展、解决非协调性产生的现实问题，需要从以上经济、制度层面去探索解决方法。

其次，对人口—土地发展非协调性所引致的社会、经济、资源、环境领域的现实问题进行了分析，研究发现，人口—土地非协调性发

① 向春玲. 中国城镇化进程中的"城市病"及其治理 [J]. 新疆师范大学学报（哲学社会科学版），2014（2）：45 – 53.

展将产生社会与经济领域问题：（1）城镇近郊产生"贫民窟"或"棚户区"问题；（2）阻碍乡村人口城镇化和妨害农民利益；（3）扩大了收入的差距进而影响社会的稳定；（4）陷入"中等收入陷阱"发展状态；（5）影响我国城镇化发展的水平和质量等。社会与经济领域问题、资源与环境领域问题：（1）土地利用闲置浪费和利用效率低下；（2）城镇区域生态环境的退化或恶化；（3）城镇空间拥挤和交通拥堵等。

第六章　主要发达国家人口—土地城镇化协调发展经验借鉴

　　我国人口城镇化率从新中国成立之初的 10.64%，经过改革开放 40 年的发展，达到当前的 53.73%，城镇化取得了重大成就。但是应该认识到我国城镇化发展水平仍然相对较低，与发达国家的城镇化发展水平仍有相当大的差距。当前，发达国家多已经达到较高的城镇化水平，如美国城镇化率为 82%，德国城镇化率为 90%，日本城镇化率为 91.3%。世界发达国家城镇化发展实践形成了一套较为完善的城镇化发展方法与路径，如美国城乡协调发展政策，德国中小城镇协调发展政策等。"他山之石可以攻玉"，我国当前正处于城镇化的中期快速发展阶段，应该借鉴国际上先进的城镇化发展方法与路径，吸取经验教训，避免其他国家在城镇化过程中出现的问题。本章拟通过对国际发达国家人口、土地城镇化关系发展的研究，分析它们的城镇化特征，找寻它们在城镇化过程中处理人口、土地城镇化关系的经验，发现城镇化中存在的问题和教训。

第一节　美、德、日三国人口—土地城镇化发展经验分析

一、美国经验

　　美国是当前世界上经济最为发达的国家，美国城镇化大致可以划分

为三个阶段：1880 年之前为城镇化发展的初期阶段，城镇化发展非常缓慢；1880～1960 年为城镇化的快速发展阶段，美国城镇化在工业化发展的推动下，城镇化率从 28.2% 提高到 69.9%；1960 年之后，进入了城镇化缓慢发展的城镇化后期阶段，从 1960 年至今，城镇化率从 69.9% 提高到了 83%，提高了 13%。美国在城镇化发展中一些成功的经验值得我们学习和借鉴。

1. 工业化推动人口的集聚与土地的开发

美国的城镇化过程是伴随着产业的产生和发展而进行的，产业是推动美国城镇化的主要动力。在工业革命前，美国城市主要集中在美国制造业的中心——东北部，主要城市有纽约、波士顿、匹兹堡、底特律、芝加哥等，这些城市吸纳了大量的城镇人口就业和居住，而美国的其他地区由于工业发展薄弱，城镇数量和城镇人口都相对较少。工业革命促使西部地区的快速发展，西部地区由于拥有丰富煤炭、石油等矿产资源，资源型产业开始在西部地区崛起和发展，逐步形成以钢铁工业、石油化工、机械制造等产业为主的工业布局。西部地区产业的形成和发展产生了劳动力的巨大需求，促进人口快速向西部地区集聚，促进了旧金山、洛杉矶、西雅图等城市发展和繁荣。第二次世界大战以后，国防、航天、计算机等产业开始在美国南部地区兴起，进而拉动了美国南部城市的发展，人口不断向南部城市集聚，南部地区城镇化发展迅速，促进了达拉斯、休斯敦等南部城市的兴起和壮大。因此，美国的城镇化发展是在工业化拉动下进行的，伴随着美国工业产业的发展和转移，加速推进东北部地区、西部地区、南部地区城镇化发展以及城市的崛起、繁荣。

2. 协调人口国土空间布局

美国是一个移民国家。美国 1776 年建国初期仅有 13 个州，国土面积较小，人口也稀少。建国以后国土面积不断增加，由于人口主要在东部地区，为了鼓励人口向中西部转移，实现国内人口的均衡布局，开发中西部地区，美国制定了《宅地法》①。人口开始大量向中西部地区迁移，中西部地区得到了发展，中西部城市逐渐发育和繁荣。美国鉴于本国劳动力不足的情况，坚持了积极的移民政策，采用优惠的条件吸引各国移民到美国居住生活。美国的早期移民一般以吸引青壮年劳动力为主，随着美国经济的崛起和教育、科学技术的快速发展，美国开始采取紧缩的移民政策，主要面对高素质人才引进，这些来自世界各地的高素质人才，将世界各地的先进科学技术、文化带入美国，促进了美国工业化、城镇化的进程。

3. 丰富的农业资源为城镇化发展提供物质保障

美国国土面积广阔，面积为 983.2 万平方公里，大部分地区属于温带和亚热带，气候适宜、降雨量丰富。美国农业生产资源丰富，并且拥有良好的光热条件。美国有 3.15 亿人（2013 年），耕地总面积约 1.2 亿公顷，人均耕地面积近 0.67 公顷。而我国有 13.6 亿人（2013 年），耕地面积 1.35 亿公顷，人均耕地面积 0.10 公顷②，美国人均耕地面积大约是我国人均耕地面积的 7 倍。丰富的农业生产资源为美国城镇化发展提供了粮食等农产品的支持，避免了因为城镇化发展而对农地资源或者农业产生影响，进而威胁国家的粮食安全。美国耕地资源的显著特点之一是"人少地多"，于是农业生产的粮食出现剩余，剩余的粮食通过贸易获得大量资金，又投入到城镇化过程中，美国丰富的农业资源和先进的农业生产技术又为城镇化发展提供了大量的资金支持。

二、德国经验

德国位于欧洲中部，是当前世界上经济最为发达的国家之一。德国国土面积 35 万平方公里，与我国云南省面积 39 万平方公里相当。德国

---

① 辜胜阻，徐进，郑凌云. 美国西部开发中的人口迁移与城镇化及其借鉴 [J]. 中国人口科学，2002（1）：27－33.

② 来源于第二次全国土地调查数据。

是世界上城镇化速度最快的国家之一和当前城镇化率最高的国家之一，德国在城镇化发展的历史进程中形成了一套大、中、小城镇协调发展的经验。在当前我国城镇化过程中，人口过度集中于大城市导致诸多社会环境问题的出现时，正好可以为我们所借鉴。

1. 形成功能协调互补的多极城市群

从第二次世界大战之后到现在的 70 多年里，德国城镇化持续发展，城镇化率从 69% 提高到 96%，形成一种大、中、小城市分布合理、功能互补、协调发展的模式。德国的发展模式是避免形成一个一支独大的支配性城市，而是形成若干个功能互补的城市群（或者称作都市圈）。德国联邦统计局统计数据显示，2013 年德国总人口为 8 080 万人，现在有大中小城市 2 065 个，其中 82 个 10 万人以上的城市，生活着德国 30% 的人口，其余城市人口则分布在 2 000～10 万人的小城市里。德国除了首都柏林人口 340 万人，汉堡人口 120 万人，慕尼黑人口 120 万人之外，没有其他超过百万人口的大规模城市。

目前德国已经形成了以都市圈为主体形态的城镇化发展模式，德国都市圈承载了全国 70% 的人口，这些都市圈内的城市虽然没有一个能和纽约、东京相比，但是分工明确、通力合作，顺利实现国际化大城市的功能。德国目前的都市圈主要有莱茵—鲁尔区、柏林—勃兰登堡、法兰克福区、莱茵—美茵区、斯图加特区、慕尼黑区、大汉堡区等，这些都市圈分布在全国各地，承载了全国 70% 的人口，解决了 70% 的人口就业。如德国中部的"莱茵—美茵"城市群，面积 8 100 平方公里，人口 420 万人，359 个市政当局。其中的法兰克福、威斯巴登、美因茨、阿森芬堡和达姆斯塔特五个大城市在政治和经济上不存在支配关系，它们功能互补、协调发展。尽管居民还属于某一个城市，但是这些城市群通过完善的交通系统和便捷的公共交通，连接在了一起，形成了一个整体，城市群通过总体的区域规划，形成了专门的功能区、城市绿地、公共开放空间。

2. 推进土地整理和村庄更新

土地整理和村庄更新是德国乡村城镇化的主要方式，第二次世界大战后，德国重建了人口在 7 000～9 000 人的居民点，认为自然景观环抱的人口 7 000～9 000 的居民点是理想的居住环境，控制土地的低效利用和农地资源的非农化是生态环境保护的基础。在保留生态景观用地的基础上，再组织交通用地、居住用地、工业用地、服务业用地。例如，慕尼黑的城市建设政策为"紧凑的慕尼黑：城市和绿色"，市区建筑的容积率为 0.9～2.5，其中 30%～50% 为公共设施、生态绿地和交通用地，居住工作混合用地的容积率为 1.6～2.5，部分区域容积率为 3，容积率为 0.9 的行列式住宅区和容积率为 1.0 和 1.6 的低密度住宅区作为城市的典型特色予以保留。

3. 重视公众参与、强化规划引导作用

德国十分重视规划的引导作用，城镇规划强调功能完整、布局合理，并对交通、给排水系统等公共服务设施有长期规划。由于德国便捷的公路交通网络和城市公共交通系统，生活区与工作区大多是分开的，形成了"分散的集中型"，减弱了人口的过度集聚对中心城市的压力。

三、日本经验

日本是当前世界上最为发达的国家之一。日本是第二次世界大战后首个实现工业化的国家，在城镇化的进程中，日本 1945 年的城镇化率仅为 28%，10 年后的 1955 年就上升到 56%，2005 便达到了 86%，2011 年达到了 91.3%，远远超越了东亚地区 55.6% 的水平。日本城镇化所采用的发展思路和经验也值得我国借鉴。

1. 注重耕地资源、林地资源和其他生产生态用地资源的保护

日本是一个岛国，人多地少是其显著特征，人均土地面积稀少，而且多为山地，耕地资源非常有限。由于日本耕地资源稀少，日本在城镇化发展过程中非常注意农地资源保护，采取严格的管制措施进行规制。在日本城镇化过程中，土地城镇化与人口城镇化的失调现象非常显著，表现为大量的人口进入城镇从事非农产业，而农地资源则出现抛荒的现

象。在城镇化的过程中，发现了人口城镇化与土地城镇化的不协调关系之后，日本主要通过法律工具规范土地城镇化行为，1952 年制定了《农地法》，规定农地城镇化的程序推进了土地的集约利用，大大提高了土地的集约利用水平。由于日本土地的稀缺性，日本政府严格控制农地资源的城镇化，以满足土地城镇化的发展空间，推进城镇建设用地的高效集约利用，提高土地利用容积率与投资强度。基于日本在城镇化发展过程中出现的诸多环境问题，日本十分重视生态环境的保护，当前日本林地面积占国土面积的 68.6%[①]，是世界上林地资源覆被保护最好的国家之一，日本丰富的林地植被为城镇化发展提供了生态环境的保障。

2. 城镇化发展中重视和推行职业教育，提高国民素质

日本政府历来重视国民教育。日本政府在城镇化发展过程中非常重视职业教育，为城镇化发展培养了一批专业的职业技术人才，促使城镇化的良性发展[②]，使农业人口在转移到城市后有较强的适应性。

第二节　美、德、日三国人口—土地城镇化发展经验借鉴

一、以产业为人口—土地城镇化发展的支撑

美国 200 多年的城镇化发展历程表明，产业发展是城镇化的动力，人口的布局与迁移和产业的布局与迁移密切相关，促进城镇化的持续发展必须有产业的支撑。美国的产业发展过程中，除了早期的商品贸易而

---

① 根据世界银行统计数据，2013 年日本森林覆盖率为 68.6%。
② 陈丽华，张卫国. 中国新型城镇化包容性发展的路径选择——基于城镇化的国际经验比较与启示 [J]. 世界农业，2015（8）：189－194.

形成的城市，其由东北部——西部——南部城市的兴起与繁荣，无疑是产业驱动的结果。与之相似的是，我国自改革开放以来许多城市的崛起也是产业拉动的结果，如矿产资源型城市平顶山、大庆等，重工业城市唐山、鞍山、本溪等。改革开放后，东部沿海城市快速崛起也是由于其产业的快速发展所致。目前我国存在的东部、中部、西部城镇化发展的非均衡性问题，从城镇化发展动力层面看无疑源于产业布局的失衡。部分城市在城镇化过程中出现的"鬼城""空城"等现象，也与该区域城镇化过程产业支撑的不足密切相关。因此，解决当前区域间城镇化发展的失衡、人口城镇化与土地城镇化的失衡、城市病等问题的关键在于调整和完善产业布局，以产业引领城镇化和谐发展。

二、坚持规划引导与城镇协调发展

1. 维护规划的权威性和连续性

德国非常重视规划的引导作用，规划一旦批准通过就必须严格实施，约束着政府的行为。而在当前我国的土地利用规划和城市总体规划的实践中，土地利规划和城市规划经常以地方政府的意志为转移，政府希望城市如何发展，土地规划和城市规划就如何规划，即使规划已经编制完成并批准公示，仍然可以修改，这无疑妨害了规划的严肃性。因此，我们应该借鉴和学习德国优秀的管理经验，不但从立法上明确土地规划和城市规划的严肃性，在规划的实践中也给予严格的监督，保障规划的顺利实施，对随意改变规划的行为给予处罚。

2. 加强和完善规划公众参与

德国土地利用重要特点之一是公共参与度比较高，如要实施一个土地整治项目需要经过多次的公开听证，听证过程绝不是形式，如果听证通不过，项目就难以立项实施。需要注意的是，德国城镇化发展也存在一定的问题，由于过分强调公平和民主决策，导致项目的决策效率过低，项目决策成本比较高。城镇拆迁项目需要经过多次反复地论证，快则几年，慢的话需要十几年甚至二十几年。土地整治项目的立项也是反复论证，从立项到实施一般都需要 10 年以上。

3. 重视大、中、小城市协调发展

世界范围内的发达国家或发展中国家在城镇化发展过程中都经历了集中要素优先发展大城市，从而导致城市规模过大、城乡差别加剧等问题，而德国大中小城市的城镇化协调发展路径为我国城镇化发展提供了一种思路①。我国出现大城市无法摆脱的环境退化、空间拥挤等城市病，这说明我国应该借鉴德国的经验，避免人口与建设用地过度向大城市集中，注意不同层次、不同规模的城市协调发展。当前国家提出的城市群发展战略也是对德国城镇化发展的参考和借鉴。我国正在发育和构建的城市群主要有长三角城市群、珠三角城市群、京津冀城市群、山东半岛城市群、中原城市群、辽中南城市群、武汉都市圈、长株潭城市群、海峡西岸城市群、成渝城市群、哈长城市群等，城市群的发展目标是形成功能互补的都市连绵区。

三、加强农业资源特别是耕地资源的保护

城镇化的发展与土地城镇化扩张无疑将导致城郊区域耕地资源的非农化，而农业安全是城镇化发展的保障，美国富足的农业资源和农业生产力为城镇化提供了有力的保障，促使城镇化的持续健康发展。而我国人均耕地资源贫乏、不足美国的 1/6，因此必须实施有效的耕地保护政策保障粮食安全，才能保障城镇化的健康持续发展。实现粮食安全需要坚持严格的耕地保护政策，以耕地保护为基本国策，坚持耕地资源"占一补一"的动态平衡，同时完善中央和地方财政对土地整治项目支持体系，以土地整治工程提高耕地资源的数量和质量。加快高标准基本农田

---

① 苏小，金彦平. 国外城镇化发展经验与中国新型城镇化建设 [J]. 世界农业，2013 (10)：36 – 38.

建设，完善我国耕地保护体系建设。为了避免农业生产低效益性问题，根据区域耕地资源禀赋和生态约束，合理配置不同区域农业生产份额和经济增长份额，完善农业生产补偿制度，给予农业生产份额高配置区域农业生产补偿。这样区域间通过分工合作，在综合成本最低条件下实现经济增长和农业发展综合效益的最大化，保证区域间经济增长和农业生产的均衡①。

四、提高城镇化转移人口素质

日本政府在城镇化发展过程中非常重视职业教育，为城镇化发展培养了一批专业的职业技术人才以形成职业技术支撑，促使城镇化的良性发展，使农业人口在转移到城市后有较强的适应性。因此，城镇化发展中应重视和推行职业教育，提高国民素质，重视国民教育。

五、结语

美国在具有资源禀赋、科技优势的基础上，采用的是工业发展为主导推动人口的集聚和土地资源的开发，实现人口—土地城镇化的协调发展。德国国土面积相对较小，城镇化发展迅速，面对城镇化过程中大城市人口过分集中的问题，采用的是城市圈发展战略，形成大、中、小城市功能互补、协调发展的城市圈，分解大城市人口过分集中带来的资环环境压力，保障城镇化发展过程中人口与土地资源的相协调。日本由于自然资源相对贫乏，因此在经历城镇化环境污染沉痛教训后，选择了重视农业资源与生态环境保护，推动城镇化过程中人口素质提升，从而推动人口城镇化与土地城镇化的协调发展。

综上所述，美国、德国和日本等国际主要发达国家在城镇化过程中

---

① 陈雯. 空间均衡的经济学分析 [M]. 北京：商务印书馆，2008.

形成一套较为成功的发展经验，其显著的特点见表6-1。

表6-1　　　世界主要发达国家人口—土地城镇化协调发展经验

人口—土地城镇化协调发展经验	美国	德国	日本
工业化推动作用	√		√
丰富的农业资源	√		
先进的农业生产力	√		√
交通发展推动作用	√	√	
高素质国外移民	√		
发展功能协调互补的多极城市群	√	√	
推进土地整治工程和村庄更新		√	
生态环境补偿机制		√	
推行公共交通方式		√	√
土地利用规划编制的公众参与		√	
注重生态用地资源的保护	√	√	√
推进城镇化人口的职业技能教育			√

本 章 小 结

纵观世界范围内城镇化的发展，欧美等发达国家走出了一条比较成功的城镇化道路。我国城镇化正处于中期发展阶段，"他山之石可以攻玉"，应该借鉴欧美发达国家城镇化发展成功的经验，并吸取其中的失误教训。

由于美、德、日三国在城镇化发展过程中存在资源禀赋、文化背景、人口特征等方面的差异，因此，实现人口—土地城镇化协调发展所选择的路径也有差异。研究发现，美国是一个在农业资源禀赋丰富的基础上，工业化发展推动下进行城镇化的国家。我国从中应该借鉴的经验是，坚持耕地资源保护基本国策，坚持国家工业化、现代化的发展，避免粮食安全问题威胁城镇化的持续健康发展。

德国城镇化发展践行的是一条大、中、小城市均衡发展的路线，形成了若干分布合理、功能互补、协调发展的都市圈，避免城市的极化发展和城市与城市之间的"剥夺效应"。我国应该从中借鉴的经验是严格控制大城市的规模，实现大中小城市的协调发展，避免城市环境恶化与交通拥堵等城市病问题的产生，营造交通便捷、生态环境优美的田园宜居城市。

日本是一个自然资源禀赋极其贫乏的国家，日本在城镇化过程中实施的农业资源保护政策、土地集约利用的政策和推行城镇化人口职业技能教育等政策值得我们学习和借鉴，但是其在城镇化发展中造成的极其严重的污染问题值得我们反思和引以为戒。

我国国土面积广阔、人口总量大，而人均资源数量较少，在城镇化发展过程中面临人口过分集中、资源环境压力较大的问题，因此与美、德、日三国城镇化过程中在发展阶段、资源禀赋、人口特征等方面存在相似之处，应该借鉴其发展的经验，从产业支撑、加强农业资源保护、完善城镇空间体系、提供城镇转移人口素质方面引导我国人口—土地城镇化的协调发展。

第七章 人口—土地城镇化协调发展
目标思路与政策建议

在以上章节对我国人口—土地城镇化时空分异与多维协调性分析的基础上，结合主要发达国家人口—土地城镇化协调发展的经验，本章提出人口—土地城镇化协调发展的总体思路，进而分别从制度层面、市场层面、管理层面提出协调发展的政策建议。

第一节 协调发展的总体思路

1996 年以来，我国城镇化进程步入快速发展阶段，人口城镇化率保持了 1.4 个百分点的年均增长速度，国民经济和人民生活水平实现了较快的发展和提高。然而我们在为城镇化快速发展取得的成就而喜悦的同时，不能忽视人口—土地城镇化非协调性发展所带来的耕地资源非农化过度、土地资源低效率利用、中心城区空间拥挤、城市环境退化与恶化、"冒进式"城镇化及城镇化亚健康现象等问题。

那么，我们应该思考：是否应该延续以往城镇化发展过程中单一关注人口城镇化或土地城镇化的模式？是否在以往的城镇化发展过程中割裂了人口—土地城镇化的有机联系？我们应该转变以往城镇化发展过程中孤立性思维模式，以可持续发展战略思想为指导，协调人口、土地城镇化二者之前的关系，促使人口城镇化与土地城镇化的良性互动、协调发展，从而保障城镇化的良性、持续发展。

为有效解决当前人口—土地城镇化发展过程中产生的非协调性问题、实现人口—土地城镇化的协调发展与国家战略相结合，应采取法律、经济、技术等手段解决非协调发展的现实问题，实现人口—土地城镇化的协调发展。

总体思路是，以科学发展观为指导，以建设生态文明社会为发展目标，与当前依法治国的基本方略相结合，努力营造人口—土地城镇化相协调的制度环境、政策环境和市场环境，以此保障人口—土地城镇化的协调发展，实现城镇化良性、稳定、持续发展。在具体实践中，人口城镇化规模数量提升与质量提高并重，以人口城镇化发展的空间需求引导土地城镇化的发展，满足人口城镇化发展的空间需求；土地城镇化过程中不仅要关注城镇土地的空间扩展，更应该注重城镇内部土地利用潜力的释放。

第二节 制度层面的政策建议

一、拆除"城乡二元"户籍壁垒

拆除"城乡二元"户籍壁垒、缩小人口城镇化与市民化的差距。我国长期实行的"城乡二元"户籍制度，无疑是阻碍人口城镇化发展的重要壁垒，因此推进人口—土地城镇化协调发展必须首要消除人口城镇化的二元壁垒。具体措施可以是：取消城乡二元户籍登记证制度，统一登记为居住证制度，剥离与户籍制度相依附的各种福利，将以往与户籍制度关联的就业、教育、医疗、养老等公共福利进行剥离，这些权利的获取由门槛式向阶梯式过渡。此外，以居住证作为获取社会公共服务和社会福利的基本条件，根据社保参保年限和居住年限确定享受城市社会福利（王列军，2010）①。例如，设定在城市长期居住若干年以上可以享受医疗保障福利和子女入学、升学、就业福利等，具体居住年限可以根据不同地区不同城市规模的具体情况来确定。

2014 年 7 月，国务院印发的《关于进一步推进户籍制度改革的意见》已经明确提出"促进有能力在城镇稳定就业和生活的常住人口有序实现市民化，稳步推进城镇基本公共服务常住人口全覆盖"，并提出创新人口管理方法，建立城乡统一的户籍登记制度，建立城乡统一的居住证制度。城乡统一的居住证制度已经在部分省市开始实施，这无疑是对我国户籍制度的重大改革，旧的城乡二元户籍壁垒将逐渐消除，非城镇人口进城工作、居住、生活将更加便捷顺畅，人口城镇化与人口市民化的差距将逐渐缩小，保障了人口城镇化的健康和谐发展，对我国社会和谐发展具有重要意义。

二、建立有序的人口城镇化机制

建立合理的人口城镇化机制、促进人口城镇化的健康发展。我国人口城镇化的主体是农民，发展经济学理论和国际城镇化进程的经验都表明，实现农民的城镇化需要经过农民向农民工转化、形成常住人口阶段，以及农民工向市民转化、形成新城市市民阶段。第一阶段即农民向农民工转化阶段，需要建立农民职业教育培训机制，提升农民的就业能力和职业技能；第二阶段即农民工向市民转化的阶段，需要建立以居住年限和社保参保年限为依据的市民化机制。

对于农民向农民工的转化，当前基于城乡务工收入的差异，大量的农民已经自发实现了农民向农民工的转化。但是大部分进城务工的农民工从事的都是相对简单的体力劳动，而城市发展大量需要的是职业技能

---

① 王列军. 户籍制度改革的经验教训和下一步改革的总体思路 [J]. 江苏社会科学，2010（2）：59 - 65.

劳动力，缺乏职业技能的农民工很难在城市长期持续地工作，很难成为稳定的城镇常住人口。因此在农民向农民工转化的阶段，政府人力资源和教育部门（人社局）应该针对农民工提供专门的职业培训，促使农民工获得职业技能，在城市获得长期稳定的工作。

在农民工市民化阶段，应当以居住证为基础条件，坚持稳定而有序的方法。2016 年 8 月，国务院颁布的《关于实施支持农业转移人口市民化若干财政政策的通知》（以下简称《通知》）明确指出新型城镇化的核心是"人"的城镇化，其首要任务是加快农业转移人口市民化，这能促使城乡二元结构的瓦解，同时也是扩大内需、调整产业结构的有力抓手。不仅如此，《通知》还提出应强化地方政府尤其是人口流入地政府的主体责任，建立健全支持农业转移人口市民化的财政政策体系，将持有居住证人口纳入基本公共服务保障范围，创造条件加快实现基本公共服务常住人口全覆盖。故而应根据人口的城镇居住年限和社会保险参保年限，推动城镇常住人口有序市民化，还应维护市民化农民工的土地承包权、宅基地使用权、集体收益分配权等权益，支持引导其依法自愿有偿转让上述权益，消除以往市民公共服务和社会福利以户籍为依据的壁垒，使农民工与城镇居民享有同等权利，保障人口城镇化的稳定、有序、公平和合理。

三、完善保障性住房制度和体系

完善保障性住房制度和体系、规避"贫民窟"问题。我国人口—土地城镇化发展应该吸取拉美国家在快速城镇化过程中所产生的"贫民窟"问题教训，完善全国保障性住房体系建设。欧美国家早在 19 世纪末就出现了"公共住房（public housing）"，其是指由政府出资建设，面向中低收入群体，为这些家庭提供住房，它是社会保障的一种。我国保障性住房制度起源于 20 世纪 90 年代的住房制度改革，经过 20 多年的发展已经初步形成了多层次保障性住房，目前主要可以分为经济适用房、廉租房、公共租赁房、定向安置房、"两限"商品房等，但是由于我国没有从制度设计层面多维度、多层次的规划设计，出现供给模式单一、进入退出机制不畅等问题，因此必须从制度层面进行完善。

完善当前保障性住房体系的构建，首先是完善保障性住房顶层设计，加快保障性住房建设的立法工作。保障性住房制度运行了20多年，对于解决城镇低收入者的居住问题、缓解城市低收入者经济压力、维护社会稳定起到了重要作用，但是到目前为止还没有一部权威性、规范性、约束性的保障性住房基本法，在保障性住房制度运行中迫切需要一部"住房保障法"，对当前保障性住房的规划、建设、分配进行监督和管理。因此，国家应该加快研究和制定"住房保障法"，为保障性住房体系运行提供法律和制度保障，并要注意适时修改完善《土地管理法》《城乡规划法》《建筑法》，使之与新制定的住房管理法协调一致。

其次是要创新财税体制，为保障性住房建设提供资金支持和保障。保障性住房是由政府筹资建设的公共品，资金主要来源于财政。由于房屋属于不动产，开发建设房屋需要大量资金的支持，我国保障性住房资金来源主要有中央财政预算投入、地方政府财政预算投入、地方政府土地出让净收益的10%、住房公积金增值收益扣除风险准备金等费用的部分、住房公积金贷款等，来源相对比较单一，没有引入社会的资本。我国目前的财税体制是"分税制"，增值税和所得税的比例也是确定的，所以地方政府财政预算总量也是确定的，这样大量投资保障房建设会使地方政府财政紧张，而且土地出让净收益也与宏观经济发展状况密切相关，不确定性较大，再加上保障性住房属于公益性项目，没有利润的产出，地方政府也缺乏建设积极性。这些问题都导致了保障性住房资金的短缺，而保障房建设的资金问题可以从创新财税体制入手，一方面可以确定分税的部分取一定的比例用于保障房建设，或者采用中央政府转移支付的方式加大对保障房建设的支持力度；另一方面，完善税种，如完善和推广房产税、开征遗产税等①。

---

① 马建平. 中国保障性住房制度建设研究［D］. 吉林大学，2011.

第三节 市场层面的政策建议

一、转变粗放的经济增长方式

转变以往粗放的经济增长方式、改变土地资源低效率利用。改革开放以来，我国经济增长方式主要是通过投资来拉动的，政府通过降低企业成本和压低资本价格来维持资本的边际收益，这无疑导致了土地的低效利用和土地城镇化过度。现代新经济增长理论认为，资本的过度积累必然导致资本边际效益的下降。新古典经济学认为，技术进步和人力资本是保持经济持续增长的动力。因此，应该改变过去的经济增长方式，以创新驱动型经济增长代替要素驱动型增长[①]，技术创新来源于国内创新和国外的高新科技引进，一方面要提高对创新资金的支持力度，保护知识产权，鼓励国内技术创新，提高自主创新能力；另一方面在某些领域需要注意引进国外先进技术，注重国外先进技术的内化。

人力资本也是驱动经济增长的重要动力，高等院校和科研院所是我国人才培养的主要场所，在加强人才培养方面，一方面应加大国家对教育和人才培养的投入，拓展高等教育的国际化视野，分层次、分类型地引导高等教育发展，避免教育同质化；另一方面注重人才选拔机制的完善，在人才选拔机制中侧重理论与实践相结合的考察，减弱单纯的应试制度，选拔创新型、实践型、综合型人才。除此之外，还需要注重国外优秀人才的引进。投资拉动型、高资源消耗型的经济增长方式向创新型、集约型经济增长方式的转变，将促进土地利用的集约化发展，避免

---

① 蔡美香. 我国人口城镇化与土地城镇化失调与影响因素分析 [J]. 西北人文科学评论, 2014 (00).

土地城镇化的过度，促使人口—土地城镇化的协调发展。

另外应着力推进经济发展，提升经济发展水平，提高经济发展质量。相关研究表明，土地资源的消耗也遵循环境库兹涅茨倒"U"形曲线的规律，在经济发展的初期，随着经济的发展，土地资源消耗速度会逐渐提高，而在经济发展到一定阶段达到比较高的水平后，土地资源的消耗速度又会随着经济发展逐渐降低。土地城镇化过程也遵从这一规律，其原因在于经济发展初期，土地的经济价值较低，土地利用效率往往被忽视，土地资源利用粗放。随着经济快速发展，土地资源稀缺性进一步凸显，在较高土地价值的约束下，土地的集约利用开始为人们所关注，土地资源的利用也更加合理和集约。

二、构建城乡统一的土地市场

建立城乡统一的土地市场、减弱土地城镇化过度的动力。城乡统一的土地市场的建立可以避免地方政府在追求征地利益下产生的短期行为，改变当前土地城镇化过快发展的现状。当前我国的土地市场可以划分为两级——土地一级市场和土地二级市场。土地一级市场主要是土地使用权出让市场，是指地方政府代表国家将城镇国有土地使用权在一定的年限内让与土地使用者的市场。单位或者个人土地使用者需要向国家交纳一定数额的土地出让金。土地一级市场还包括划拨、租赁、作价出资或入股等有偿方式从政府取得国有建设用地使用权的行为。

土地一级市场为垄断市场，土地出让方只有一个即地方政府，农民集体的土地如果要在市场上参与交易，必须首先被国家征收为国有土地。这样地方政府在土地市场中低价征收农民集体的土地，高价出让给土地使用者，受让方往往是房地产开发商，地方政府也由此获得了巨额的利润。据相关统计，土地出让金收入占地方政府财政的60%以上。土地二级市场是土地使用权流转市场，是指获得土地使用权的单位或者个人将剩余年限的土地使用权让与其他土地使用者的市场。土地二级市场包括土地使用权的出让、出租和抵押。

　　地方政府由于在土地征收过程中可以获得巨大的利益，所以土地出让金是地方政府财政收入的主要来源，地方政府对于征收农民集体土地有很大的积极性。地方政府土地征收往往仅基于财政收益的考虑，并没有合理评估人口城镇化的需求，这种行为会导致土地城镇化过度。所以应该构建城乡统一土地市场，消除城乡土地差异，增加农民的收益，减弱地方政府过度的城镇化行为。

　　构建城乡统一的土地市场应该从两方面着手：一方面，应允许农村集体经营性建设用地出让、租赁、入股，与国有土地平等入市、同权同价，这在 2014 年 1 月中央《关于全面深化农村改革加快推进农业现代化的若干意见》已经提出并逐步开始实施；另一方面，合理界定公共用地范围。我国《宪法》及《土地管理法》都明确规定国家征收土地必须基于公共利益的需要①，但在《土地管理法》及其实施条例中都没有明确对公共利益的范围进行界定，在征地实践中，非公益性质的工商业用地都采用征地方式取得土地，这妨害了农民的利益，同时也造成了诸多的社会事件。因此应该合理界定征地范围，制定"公益用地目录"，明确公共利益征收土地的范围、程序、补偿标准。

三、坚持城镇用地内部潜力释放

　　坚持城镇用地内部潜力释放、促进土地集约节约利用。土地城镇化发展包括两个方面，一方面是城镇用地的空间扩展，另一方面是城镇用地利用效率的提升。而在当前土地城镇化发展过程中，往往以城镇用地的空间扩展为主，忽视了城镇用地内部潜力的释放，造成了土地资源的低效率利用，对我国经济社会的持续发展尤为不利。

---

　　① 我国《宪法》第 10 条规定"国家为了公共利益的需要，可以依照法律规定对土地实行征收或者征用并给予补偿"，《土地管理法》第 2 条规定"国家为了公共利益的需要，可以依法对土地实行征收或者征用并给予补偿"。

　　因此，应该改变过去城镇化发展过度依靠城镇用地"增量"满足人口城镇化需求的局面，注重城镇用地"存量"潜力的释放，这样既满足人口城镇化的客观需求，又不因为城镇用地的空间扩张导致耕地资源的占用，威胁到国家的粮食安全。

　　城镇用地内部潜力释放主要来源于废弃工矿用地和城中村用地。城镇用地潜力释放对象缺乏合理的规划、土地容积率低、利用效率不高，造成土地的低效率利用。因此，需要对这些城中村用地进行整理改造，重新进行合理规划，释放这部分城镇用地的利用潜力。

第四节　管理层面的政策建议

一、发挥规划的引导和控制作用

　　发挥规划的引导和控制作用，促进人口、土地城镇化协调发展。土地利用规划包含土地利用总体规划、土地利用专项规划和土地利用年度计划，分别从全局、分类、年度层面对土地利用进行引导和控制，是土地利用管制的依据。因此面对当前土地城镇化与人口城镇化失调的情况，应该根据城市规模和等级，依据《城市用地分类与规划建设用地标准》（GB50137—2011），以城市定位和人口发展需求为依据，科学评估城市建设用地需求，合理编制土地利用规划和城市规划，并设定年度新增建设用地指标，以土地利用规划和城市规划为引导，调整土地城镇化的速度和规模，避免土地城镇化过度导致土地资源闲置、低效率利用等情况，促使国家稀缺的土地资源得到有效的利用，并考虑到土地利用规划与城市规划的衔接问题。

　　同时，应该注意到城镇规划的规划期一般为 20 年，其中近期规划的规划期为 5 年，规划周期较长，而目前中国城镇化发展迅速，当前城镇规划存在滞后性，需要针对不同地区的非均衡性和空间异质性问题，及时修编和更新城镇规划，以规划为引导，促使区域间城镇化的非均衡性和空间异质性问题的解决，促进区域城镇化均衡发展、良性互动。在非均衡性和空间异质性问题的判断上，应当认识到土地城镇化过度与滞后并存，应运用实地调研、合理评价来区分城镇化过程中产生的不同问题和主要矛盾、区别土地城镇化过度型与土地城镇化滞后型①、不同的均衡发展阶段，对不同问题采取有针对性的、有效的解决措施。同时，城镇规划的编制需要注意其可操作性，从区域角度出发，平衡和协调区域内的人口与资源、环境与社会等要素，谋求建立和谐的人地关系。

另外，土地城镇化发展应与全国主体功能区规划匹配。全国主体功能分区从国家统筹的层面对土地的发展方向给予限定，因此区域土地利用政策应当与全国主体功能区规划相一致，但是由于三大产业间效率的差异，各省都不愿意主导第一产业，而倾向于发展第二、第三产业，解决这个问题应该从国家层面统筹规划，采用转移支付的方式给予第一产业主导区域以合理农地非生产性价值补偿，提高农用地利用效益，这样才能降低农用地向建设用地转移的经济利益引力，避免盲目土地城镇化问题的产生。

二、构建有机协调的城镇化体系

构建有机协调的城镇化体系、促进人口城镇化良性发展。当前我国城市过大，人口过度集中于大城市，引起交通拥挤、城市环境恶化等城市病，因此我国应该借鉴国外城镇体系建设的经验，构建有机合理的城镇体系，即合理控制大城市规模、发展中小城市，实现我国大、中、小

---

① 张光宏，崔许锋．人口城镇化与城镇化用地关系研究——以江苏省为例 [J]．中国人口科学，2013（5）：96 – 104．

城市的协调发展。

构建有机的城镇化体系，首先应严格控制超大城市和特大城市数量，合理布局大城市，增强中小城市的实力。超大城市应该是地区经济社会发展的中心和增长极，根据我国最新的《关于调整城市规模划分标准的通知》(2014年11月)① 对我国城市规模等级划分，当前我国存在6个超大城市②，按照我国地理区域"华东地区、华南地区、华北地区、华中地区、西南地区、西北地区、东北地区"7大分区的划分，超大城市数量应该控制在10个左右。当前，人口数在500万~1000万的特大城市有武汉、成都、南京、佛山、东莞、西安、沈阳、杭州、哈尔滨、香港10个，特大城市应该是城市群或者都市圈的中心城市。我国正在培育和发展的城市群有20个，即长江三角洲城市群、珠江三角洲城市群、京津冀城市群、长江中游城市群和成渝城市群5个国家级城市群，哈长城市群、山东半岛城市群、辽中南城市群、海峡西岸城市群、关中城市群、中原城市群、江淮城市群、北部湾城市群和天山北坡城市群9个大城市群，呼包鄂榆城市群、晋中城市群、宁夏沿黄城市群、兰西城市群、滇中城市群和黔中城市群6个发展中城市群。特大城市数量应该控制在20个以下。

城市的人口导入机制应实行差异化管理。不同规模、不同等级的城市要实行有差异的有序的城镇化机制。鉴于当前中小城镇人口城镇化集聚不足，而大城市人口过度集聚、空间超负荷的现实，可以实施取消小

---

① 《关于调整城市规模划分标准的通知》规定，新的城市规模划分标准以城区常住人口为统计口径，将城市划分为五类七档：城区常住人口50万以下的城市为小城市。其中，20万人以下的城市为"Ⅱ型小城市"、20万~50万人为"Ⅰ型小城市"。城区常住人口50万~100万人为"中等城市"，城区常住人口100万~500万人为"大城市"，500万~10 000万人为"特大城市"，城区常住人口1 000万人以上的城市为"超大城市"。

② 根据国务院于2014年11月印发的《关于调整城市规模划分标准的通知》，对原有的城市规模标准进行了与时俱进的调整，确定了新的城市规模划分标准，根据新的标准，增设城市常住人口超过1 000万人的城市为超大城市，根据2014年最新的人口数据，当前我国超大城市有北京、上海、天津、重庆、广州和深圳6座城市。

城市和建制镇落户的限制，有序开放中等城市的落户限制，合理确定大城市落户的条件，严格控制特大城市规模和特大城市的人口落户条件。以上这些人口城镇化的发展机制已经在国务院 2014 年 7 月印发的《关于进一步推进户籍制度改革的意见》中明确提出。

三、生态文明建设促进协调发展

以生态文明建设促进人口—土地城镇化协调发展。生态文明是人类遵循人、自然、社会和谐发展客观规律而取得的一切物质和精神财富的总和，是继工业文明后的一个新的发展阶段。党的十八大提出"我们一定要更加自觉地珍爱自然，更加积极地保护生态，努力走向社会主义生态文明新时代。"生态文明是以人与自然、人与人、人与社会和谐共生、良性循环、全面发展、持续繁荣为基本宗旨的社会形态。

当前人口—土地城镇化发展过程中出现的社会与环境问题，无疑是对我们以往城镇化发展模式的警醒，生态文明社会建设目标和理念为人口—土地城镇化协调发展提供了新思路，我们在城镇化发展过程中，要想实现人口城镇化与土地城镇化的协调发展，必须坚持人与自然、人与人、人与社会的和谐发展，"自然—人—社会"综合系统的和谐发展、良性循环才能保证人口—土地城镇化的协调发展。

在以生态文明建设为目标的人口—土地城镇化发展实践中，要注重生态环境的维护和治理。保护生态环境的同时，也不能因噎废食影响了经济社会的发展，因此需要规范环境废弃物排放行为，科学设定环境污染物排放成本，具体可以通过市场的方法，建设和规范排污权、碳排放权等污染的排放管理制度，提高企业自身废弃物处理能力，实施减排节能，可以尝试引入社会资本改善环境治理投融资体系[1]。另

---

[1] 　中国金融 40 人论坛课题组, 蔡洪滨, 李波等 . 土地制度改革与新型城镇化 [J]. 金融研究, 2013（5）：114 - 125.

外，从经济学视角，提高环境违法行为的成本和环境违法行为查处率，这样环境违法收益将小于违法成本，企业势必会选择减少环境违法行为的实施。

四、协调区域间人口与土地城镇化发展

（一）土地城镇化过度型与滞后型区域协调发展

我国人口—土地城镇化发展总体呈现出土地城镇化过度，人口城镇化相对滞后的状态，但在部分区域仍然存在土地城镇化滞后的情况①，因此应该科学评估区域土地城镇化类型，采取有效的措施促使人口—土地城镇化协调发展。

对于土地城镇化过度、人口城镇化相对滞后区域，可以从控制城镇土地无序扩张、粗放利用和推进人口城镇化发展两个维度加以解决。一方面，坚持国家土地集约利用的方针，城镇空间扩展需要和人口增长相协调，防止城市盲目、无序扩张，提高国土监察部门的执法能力，降低违法主体的行为机会，确保土地资源的有序高效利用；另一方面，加强城乡一体化发展，逐步减少"户籍特权"，减弱户籍壁垒给人口城镇化导入带来的阻力，促使城市外来务工人员合理有序地城镇化。同时要加强城市的基础设施建设和软实力建设，提高城市的宜居性和竞争力，吸引优秀人才到城市就业，提高人口城镇化的数量和质量。

对于土地城镇化滞后的区域，应该在侧重土地集约利用的前提下，扩展城市发展空间，提高土地投资和土地产出，提升土地城镇化水平，为人口城镇化提供空间支撑，促使二者的良性互动、协调发展，最终提高区域城镇化综合发展水平。

---

① 张光宏，崔许锋.人口城镇化与城镇化用地关系研究——以江苏省为例 [J]. 中国人口科学，2013（5）：96 – 104.

（二）人口集中型与土地集中型区域协调发展

根据对人口—土地城镇化匹配性研究可以得知，东部沿海地区，东北地区，内蒙古、甘肃、宁夏、新疆、西藏等西北地区省域属于土地集中型，华中地区及西南地区等省域属于人口集中型。在我国三大地区总体人口城镇化与土地城镇化匹配性上，东部地区匹配性最强、中部次之、西部最弱。

因此，对东部沿海地区省域，东北地区省域，内蒙古、甘肃、宁夏、新疆、西藏等土地集中型省域，应该采用规划手段调节和限制新增建设用地指标额度，引导以城区内部挖潜满足城镇化发展对建设用地的需求；对于华中地区及西南地区等人口集中型省域，可以一方面在坚持土地集约利用的前提下合理增加新增建设用地的配额，满足人口城镇化的空间需求；另一方面引导人口的流动，增强人口—土地城镇化的空间匹配性，构建和谐的人地关系。

由于西部地区和中部地区人口—土地城镇化匹配性相对较弱，一方面西部地区和中部地区应该合理评估人口城镇化用地需求，控制城镇用地的无序扩张，维护人口—土地的良好空间匹配性；另一方面根据西部和中部省域人口—土地城镇化失配类型，区分土地集中型与人口集中型，采取针对性措施调节人口—土地城镇化匹配性，谋求城镇区域人口—土地的均衡协调发展。

（三）人口城镇化与土地城镇化区域间协同发展

根据对人口—土地城镇化时空分异研究，我们可以知道我国东、中、西部地区人口城镇化与土地城镇化发展水平都呈现出显著的空间非均衡特征。东部、中部、西部地区人口城镇化率之比为 $1.37：1.08：1$，东部地区人口城镇化率是西部地区的 1.37 倍，是中部地区的 1.27 倍，总体呈现出"东部＞中部＞西部"的特征，且省际人口城镇化水平空间差异较大。基于 Getis-Ord Gi* 模型的分析发现，大部分省域人口城镇化未呈现出协同发展的状态，省域间人口城镇化发展协同关系较弱。因此对于中西部地区应该注重人口城镇化水平的提高，特别是处于低水平阶段的西藏、处于中低水平阶段的贵州、甘肃、云南、河南、新疆、广西、四川8个省域应该注重人口城镇化水平的发展提升，及省际间人口城镇化的协同发展，促使区间人口城镇化的协调发展。

在土地城镇化发育空间格局方面，城区土地城镇化发育水平呈现出"中部最大、东部次之、西部最小"的空间特征，因此抑制中东部地区土地城镇化的发展，合理调节西部地区土地城镇化发展，实现土地城镇化发育的地区均衡性。根据对土地城镇化潜力分析可以得知，城区土地集约利用水平呈现出"中部最大，西部次之，东部最小"的空间特征。东部地区土地城镇化发展应该减少城镇用地扩张蔓延，更多地关注建成区内部潜力的释放，通过内部挖潜满足城镇化发展的需要，中西部地区要继续维护土地集约利用的状态，避免土地城镇化过度发展和无序扩张。

本章小结

本章基于前几章关于人口—土地城镇化发展协调性研究，提出实现人口—土地城镇化协调发展的总体思路和政策建议。总体思路是以科学发展观为指导，以建设生态文明社会为发展目标，与依法治国相结合，努力营造人口—土地城镇化相协调的制度环境、政策环境和市场环境，以此保障人口—土地城镇化的协调发展，实现城镇化良性、稳定、持续发展。

在政策建议方面，本章根据人口—土地城镇化的非协调发展产生危害和影响因素的分析，从制度层面、市场层面和管理层面，以完善制度、修复政策、规划引导、调整经济发展方式等为工具和方法，调节和优化人口—土地城镇化的协调性状态，构建长期性人口—土地城镇化协调发展的制度与政策保障。

　　制度层面的建议：（1）消除人口城镇化户籍壁垒、缩小人口城镇化与市民化的差距；（2）建立合理的人口城镇化机制、促进人口城镇化的健康发展；（3）完善保障性住房制度和体系的建设，规避"贫民窟"问题。

　　市场层面的建议：（1）转变以往粗放的经济增长方式，减少土地资源低效率利用；（2）构建城乡统一的土地市场，减弱土地城镇化过度的经济动力；（3）坚持城镇用地内部潜力释放，促进土地集约节约利用。

　　管理层面的建议：（1）发挥规划的引导作用，促进人口、土地城镇化协调发展；（2）构建有机协调的城镇化体系，促进人口城镇化良性发展；（3）以生态文明建设促进人口—土地城镇化的协调发展；（4）协调区域间人口与土地城镇化的发展。

结论与展望

本书通过理论分析与实证研究相结合的方法，对我国城镇化发展过程中出现的人口—土地城镇化协调性问题进行了全面而系统的研究，旨在通过对人口—土地城镇化时空分异与协调性的研究，揭示非协调性问题的表现、危害及原因，并结合人口—土地城镇化协调性的国际经验对比，提出我国人口—土地城镇化协调发展的总体思路和政策建议。

一、研究结论

在人口城镇化时空分异方面，中华人民共和国成立以来人口城镇化发展可以划分为 1949～1957 年的"人口城镇化的起步阶段"、1958～1977 年的"人口城镇化徘徊阶段"、1978～1995 年的"人口城镇化低速发展阶段"和 1996 年到现在的"人口城镇化高速发展时期"4 个阶段。在人口城镇化的空间格局方面：（1）东部、中部、西部地区人口城镇化率之比为 1.42∶1.10∶1.00，东部地区人口城镇化率是西部地区的 1.42倍，是中部地区的 1.28 倍，总体呈现出"东部＞中部＞西部"的特征，且省际人口城镇化水平空间差异较大；（2）基于 Getis-Ord Gi* 模型的省域人口城镇化水平分析可以发现，大部分省域人口城镇化未呈现出协同发展的状态，我国省域人口城镇化发展协同关系较弱；（3）对比东部、中部、西部地区城镇人口密度，中部地区城镇人口密度最大，西部次之，东部最小。

在土地城镇化时空分异方面，根据我国土地管理制度的变更和土地政策的变迁将我国土地城镇化发展进程分为四个阶段，分别是"土地城镇化的起步发展阶段"（1949～1978年）、"土地城镇化低速发展阶段"（1979～1983年）、"开发区建设驱动下的土地城镇化的快速发展阶段"（1984～2004年），"房地产产业驱动下的土地城镇化的快速发展阶段"（2005年至现在）。土地城镇化速度呈现出逐个时间段加快的态势，在人口城镇化滞后的状态下，势必应该加以控制。在土地城镇化空间格局方面：（1）城区土地城镇化发育水平呈现出"中部最大、西部次之、东部最小"的空间特征；（2）在土地集约利用方面观察土地城镇化发展，东部地区人均建成区面积最大、西部次之、中部地区最小，城区土地集约利用呈现出"中部最大，东部次之，西部最小"的空间特征；（3）我国省域土地城镇化扩展空间潜力在地区分布上呈现出"西部地区＞中部地区＞东部地区"的空间特征。

通过对人口—土地城镇化发展协调性的研究发现：（1）土地城镇化发展速度快于人口城镇化发展速度，人口城镇化发展相对滞后。（2）基于情景模拟的计算结果显示，人口城镇化发展滞后土地城镇发展规模约18个百分点。（3）基于空间维度的人口—土地空间匹配性研究结果表明，2005年以来，我国东部地区城镇人口—土地综合失配度呈现波动状态，而中部和西部地区则相对稳定；城镇人口—土地综合空间匹配程度呈现出东部最高，中部次之，西部最低的特征；从匹配性等级分布空间特征看，匹配型省域所占比重相对较小，普遍集中在我国中东部区域，低度失配型所占比重最大，基本维持在17个省域左右，高度失配型省域比重最小，通常不会超过两个，均位于西部地区。（4）由于人口城镇化与土地城镇化发展的综合性特征，因此本书还基于人口—土地城镇化的综合评价模型对人口、土地城镇化发展进行对比分析。研究发现，人口城镇化发展综合水平普遍大于土地城镇化综合发展水平，因此在分离人口—土地城镇化数量和质量的情况下，土地城镇化发展质量要低于人口城镇化发展质量。

人口—土地发展非协调性发展产生有经济层面和制度层面的原因。经济层面的原因：（1）土地用途间的经济效率的差异；（2）房地产业的过快增长；（3）开发区的盲目设立。制度层面的根源主要有：（1）现行的城乡二元的户籍制度；（2）当前政府财政体制的缺陷；（3）现行农村土地管理制度；（4）内在发展机制。因此实现人口—土地城镇化协调发展、解决非协调性产生的现实问题，需要从以上经济、制度层面去探索解决方法。

通过对人口—土地发展非协调性现实危害的分析发现，人口—土地非协调性发展将产生社会与经济领域问题：（1）城镇近郊产生"贫民窟"或"棚户区"问题；（2）阻碍乡村人口城镇化和妨害农民利益；（3）扩大了收入的差距进而影响社会的稳定；（4）陷入"中等收入陷阱"发展状态；（5）影响我国城镇化发展的水平和质量。社会与经济领域问题、资源与环境领域问题：（1）土地利用闲置浪费和利用效率低下；（2）城镇区域生态环境的退化或恶化；（3）城镇空间拥挤和交通拥堵等。

本书根据人口—土地城镇化非协调发展原因及现实危害的研究，借鉴美国、德国、日本先进经验，从制度层面、市场层面、管理层面，以完善制度、修复政策、规划引导、调整经济发展方式等为工具和方法，调节和优化人口—土地城镇化的协调性状态，构建长期性人口—土地城镇化协调发展的制度与政策保障。制度层面的建议有：（1）消除人口城镇化户籍壁垒、缩小人口城镇化与市民化的差距；（2）建立合理的人口城镇化机制、促进人口城镇化的健康发展；（3）完善保障性住房制度和体系的建设，规避"贫民窟"问题。市场层面的建议有：（1）转变以往粗放的经济增长方式，减少土地资源低效率利用；（2）构建城乡统一的土地市场，减弱土地城镇化过度的经济动力；（3）坚持城镇用地内部潜力释放，促进土地集约节约利用。管理层面的建议有：（1）发挥规划的引导作用，促进人口、土地城镇化协调发展；（2）构建有机协调的城镇化体系，促进人口城镇化良性发展；（3）以生态文明建设促进人口—土地城镇化的协调发展；（4）协调区域间人口与土地城镇化的发展。

二、研究展望

本书通过对我国人口—土地城镇化发展时空分异及协调性的研究，提出了人口—土地城镇化协调发展的总体思路和政策建议。但是由于作者的研究水平及时间的限制，本书的研究尚有不足之处，期望在以后的工作中能进一步研究和完善。

（一）基于不同典型区的人口—土地城镇化协调发展研究

本书主要基于国家层面、地区层面和省域层面对人口—土地城镇化协调发展进行了研究，但是我国国土面积广阔，经济、社会发展存在区域间的非均衡性，山地区域与平原区域、沿海地区与内陆地区、经济发达地区与经济相对落后地区在城镇化发展方面具有相对独特的特征，基于典型区来研究人口—土地城镇化协调发展则更具现实意义。因此，基于这些典型的地区对人口—土地城镇化发展进行研究，提出的具体协调发展思路和政策建议将具有一定的实际应用价值，这无疑是以后进一步研究的方向。

（二）基于县域尺度的人口—土地城镇化协调发展研究

本书的实证研究是基于全国、地区、省域的层面开展的，研究的尺度相对较大。在研究过程中也考虑了对县域尺度的我国人口—土地城镇化协调发展的研究，但是，一方面由于县域数量众多，2015年底有

2 580个县域①，数据搜集工作量大，一时难以完成；另一方面由于部分县域统计数据缺乏，数据质量难以保证。因此，本书暂未在县域层面对我国人口—土地城镇化协调发展进行研究，但是县域作为我国重要的经济社会主体，县域尺度的研究具有重要的意义，作者力求在后续的研究中能对县域尺度进行深入研究和探讨，使人口—土地城镇化协调发展研究更为完备。

（三）关于人口城镇化与人口城镇化评价体系的构建

本书在人口城镇化与土地城镇化评价部分，将现有的评价方法归纳为"显性指标法"和"综合指标法"，并在参考已有的评价方法基础上，采用这两种方法尝试对我国人口、土地城镇化水平进行评价。但是由于作者现有的研究水平和时间限制，评价体系与评价方法都有待进一步完善和检验。首先，在"综合指标法"方面，采用"综合指标法"对人口城镇化、土地城镇化综合发展水平评价，至今尚未形成一个为大家普遍接受的评价体系和方法，今后需要通过调研分析，继续完善评价体系、创新评价方法，推动人口城镇化、土地城镇化水平综合评价研究的深入；其次，在"显性指标法"方面，利用人口城镇化率对人口城镇化测度已经为研究者所普遍认同，而对土地城镇化的测度至今尚没有形成一个统一、科学的测度方法，已有的测度方法多存在评价结果直观性差、衔接性弱等问题。所以，对土地城镇化"显性指标法"的研究是今后一个重要的研究方向。

（四）创新协调发展评价方法

本书的研究中，人口—土地城镇化协调发展的目标分别从速度的一致性、发展水平的协调性、空间的匹配性和区域的均衡性四个方面进行

---

① 根据国家统计局数据，2015年底我国有2 580个县域，其中包括，921个市辖区、361个县级市、1 397个县、117个自治县。

设定，在评价这四个方面目标时主要采用离差法、综合评价法、空间匹配模型和时空分异的分析方法。其中，对于人口城镇化与土地城镇化速度一致性研究方面，目前有耦合法、离差法、曲线拟合法等方法。但是，耦合法评价结果区分度不高、结果判定缺乏普遍认同的标准；离差法直观、结果具有较强的可比性，但缺乏普遍认同的协调判断标准；曲线拟合法难以寻找科学的方程形式。因此，对于速度一致性的评价方法需要进一步地探索和研究，努力实现评价方法的创新，达到结果的直观性、可比性和判定标准的普遍认同性的要求。

参 考 文 献

[1] 白先春, 凌亢, 朱龙杰等. 我国县级城市发展质量综合评价——以江苏省县级市为例 [J]. 统计研究, 2005 (7): 51-54.

[2] 毕丽芳, 马耀峰. 交通通达性与省域旅游经济的耦合协调度分析——以云南省为例 [J]. 西安财经学院学报, 2013, 26 (1): 124-128.

[3] 曹广忠, 边雪, 刘涛. 基于人口、产业和用地结构的城镇化水平评估与解释——以长三角地区为例 [J]. 地理研究, 2011, 30 (12): 2139-2149.

[4] 曹广忠, 刘涛. 中国城镇化地区贡献的内陆化演变与解释——基于1982~2008年省区数据的分析 [J]. 地理学报, 2011, 66 (12): 1631-1643.

[5] 曹宗平. 中国城镇化之路——基于聚集经济理论的一个新视角 [M]. 北京: 人民出版社, 2009.

[6] 陈凤桂, 张虹鸥, 吴旗韬等. 我国人口城镇化与土地城镇化协调发展研究 [J]. 人文地理, 2010 (5): 53-58.

[7] 陈明星, 陆大道, 张华. 中国城市化水平的综合测度及其动力因子分析 [J]. 地理学报, 2009, 64 (4): 387-398.

[8] 陈雯. 空间均衡的经济分析 [M]. 北京: 商务印书馆, 2008.

[9] 陈小君, 蒋省三. 宅基地使用权制度: 规范解析、实践挑战及其立法回应 [J]. 管理世界, 2010 (10): 1-12.

[10] 陈小君. 农村集体土地征收的法理反思与制度重构 [J]. 中国法学, 2012 (1): 33-44.

［11］陈学云，史贤华．我国城镇化进程中的城乡一体化路径研究——基于新农村建设平台［J］．经济学家，2011（3）：59－66．

［12］成艾华，魏后凯．中国特色可持续城镇化发展研究［J］．城市发展研究，2012，19（11）：22－28．

［13］程莉，周宗社．人口城镇化与经济城镇化的协调与互动关系研究［J］．理论月刊，2014（1）：119－122．

［14］程遥，杨博，赵民．我国中部地区城镇化发展中的若干特征与趋势——基于皖北案例的初步探讨［J］．城市规划学刊，2011（2）：67－76．

［15］仇保兴．我国城镇化的特征、动力与规划调控［J］．城市发展研究，2003，10（1）：4－10．

［16］仇保兴．中国城镇化：机遇与挑战［M］．北京：中国建筑工业出版社，2004．

［17］张光宏，崔许锋．耕地资源非农化驱动机制及其区域差异性［J］．中国农业科学，2015（8）：1632－1640．

［18］崔许锋．民族地区的人口城镇化与土地城镇化：非均衡性与空间异质性［J］．中国人口·资源与环境，2014，24（8）：63－72．

［19］张光宏，崔许锋．人口城镇化与城镇化用地关系研究——以江苏省为例［J］．中国人口科学，2013（5）：96－104．

［20］崔许锋．土地利用效率的空间格局与溢出效应［J］．经济与管理，2014（5）．

［21］崔许锋．中低山区耕地安全问题研究——以湖北省十堰市为例［J］．农业部管理干部学院学报，2011（2）：32－35．

［22］崔许锋．中低山区耕地数量安全：现状、问题与保护［J］．上海国土资源，2014，35（1）：32－36．

［23］戴均良，高晓路，杜守帅．城镇化进程中的空间扩张和土地利用控制［J］．地理研究，2010，29（10）：1822－1832．

［24］单卓然，黄亚平．"新型城镇化"概念内涵、目标内容、规划

策略及认知误区解析 [J]. 城市规划学刊, 2013 (2): 16 – 22.

[25] 邓祥征, 钟海玥, 白雪梅等. 中国西部城镇化可持续发展路径的探讨 [J]. 中国人口·资源与环境, 2013, 23 (10): 24 – 30.

[26] 段禄峰, 张沛. 我国城镇化与工业化协调发展问题研究 [J]. 城市发展研究, 2009, 16 (7): 12 – 17.

[27] 方创琳, 王德利. 中国城市化发展质量的综合测度与提升路径 [J]. 地理研究, 2011, 30 (11): 1931 – 1946.

[28] 方创琳, 刘晓丽, 蔺雪芹. 中国城市化发展阶段的修正及规律性分析 [J]. 干旱区地理, 2008, 31 (4): 512 – 523.

[29] 方创琳. 中国人地关系研究的新进展与展望 [J]. 地理学报, 2004 (S1).

[30] 费孝通. 中国城镇化道路 [M]. 呼和浩特: 内蒙古人民出版社, 2010.

[31] 傅超, 刘彦随. 我国城镇化和土地利用非农化关系分析及协调发展策略 [J]. 经济地理, 2013, 33 (3): 47 – 51.

[32] 辜胜阻, 李华, 易善策. 均衡城镇化: 大都市与中小城市协调共进 [J]. 人口研究, 2010 (5): 3 – 11.

[33] 辜胜阻, 刘传江. 人口流动与农村城镇化战略管理 [M]. 北京: 华中理工大学出版社, 2000.

[34] 辜胜阻, 刘江日. 城镇化要从"要素驱动"走向"创新驱动" [J]. 人口研究, 2012 (6): 3 – 12.

[35] 辜胜阻, 杨威. 反思当前城镇化发展中的五种偏向 [J]. 中国人口科学, 2012 (3): 2 – 8.

[36] 顾朝林. 中国城市地理 [M]. 北京: 商务印书馆, 1999.

[37] 郭文华, 郝晋珉, 覃丽等. 中国城镇化过程中的建设用地评价指数探讨 [J]. 资源科学, 2005, 27 (3): 66 – 72.

[38] 韩俊. 走出二元结构: 农民工城镇化与新农村建设 [M]. 北京: 中国发展出版社, 2006.

[39] 郝寿义, 王家庭, 张换兆. 工业化、城市化与农村土地制度演进的国际考察——以日本为例 [J]. 上海经济研究, 2007 (1): 156-157.

[40] 何鹤鸣, 张京祥. 转型环境与政府主导的城镇化转型 [J]. 城市规划学刊, 2011 (6): 36-43.

[41] 何平, 倪苹. 中国城镇化质量研究 [J]. 统计研究, 2013, 30 (6): 11-18.

[42] 胡际权. 中国新型城镇化发展研究 [D]. 西南农业大学、西南大学, 2005.

[43] 胡伟艳, 张安录. 人口城镇化与农地非农化的因果关系——以湖北省为例 [J]. 中国土地科学, 2008, 22 (6): 30-35.

[44] 胡燕, 孙羿, 陈振光. 中国城市与区域管治研究十年回顾与前瞻 [J]. 人文地理, 2013 (2): 74-78.

[45] 黄丹, 徐邓耀. 基于 SPSS 的人口增长与土地城市化关系分析研究——以南充市区为例 [J]. 重庆与世界: 学术版, 2011, 28 (1): 76-78.

[46] 黄飞飞, 张小林, 余华等. 基于空间自相关的江苏省县域经济实力空间差异研究 [J]. 人文地理, 2009 (2): 84-89.

[47] 黄亚平, 陈瞻, 谢来荣. 新型城镇化背景下异地城镇化的特征及趋势 [J]. 城市发展研究, 2011 (8): 11-16.

[48] 冀县卿, 钱忠好. 失地农民城市适应性影响因素分析: 基于江苏省的调查数据 [J]. 中国农村经济, 2011 (11): 23-35.

[49] 贾生华, 郑文娟, 田传浩. 城中村改造中利益相关者治理的理论与对策 [J]. 城市规划, 2011 (5): 62-68.

[50] 简新华, 黄锟. 中国城镇化水平和速度的实证分析与前景预测 [J]. 经济研究, 2010 (3): 28-39.

[51] 姜爱林. 城镇化水平的五种测算方法分析 [J]. 中央财经大学学报, 2002 (8): 76-80.

[52] 姜磊, 马寅. FDI 对中国区域创新影响的空间差异性研究——

基于地理加权回归的实证 [J]. 产经评论, 2013, 4 (4): 32 - 40.

[53] 蒋月华, 崔许锋. 耕地资源安全内涵与构成研究 [J]. 湖北工业职业技术学院学报, 2014 (4): 63 - 67.

[54] 柯新利, 马才学. 城镇化对耕地集约利用影响的典型相关分析及其政策启示 [J]. 中国土地科学, 2013 (11): 4 - 10.

[55] 孔凡文. 中国城镇化发展速度与质量问题研究 [D]. 中国农业科学院, 2006.

[56] 李爱民. 中国半城镇化研究 [J]. 人口研究, 2013 (4): 80 - 91.

[57] 李辉. 中国人口城市化综述 [J]. 人口学刊, 2003 (6): 51 - 58.

[58] 李杰, 张光宏. 农村土地制度与城镇化进程：制度变迁下的历史分析 [J]. 农业技术经济, 2013 (2): 104 - 111.

[59] 李婕, 胡滨. 中国当代人口城市化、空间城市化与社会风险 [J]. 人文地理, 2012 (5): 6 - 12.

[60] 李克强. 协调推进城镇化是实现现代化的重大战略选择 [J]. 行政管理改革, 2013 (5): 4 - 14.

[61] 李力行. 中国的城市化水平：现状、挑战和应对 [J]. 浙江社会科学, 2010 (12): 27 - 34.

[62] 李曼曼. 城镇化进程中人口迁移问题研究 [D]. 河南农业大学, 2013.

[63] 李强, 陈宇琳, 刘精明. 中国城镇化"推进模式"研究 [J]. 中国社会科学, 2012 (7): 82 - 100.

[64] 李强. 主动城镇化与被动城镇化 [J]. 西北师范大学学报 (社会科学版), 2013 (6): 1 - 8.

[65] 李圣军. 城镇化模式的国际比较及其对应发展阶段 [J]. 改革, 2013 (3): 81 - 90.

[66] 李胜兰. 我国农村产权制度改革与农村城镇化发展 [M]. 广州：中山大学出版社, 2004.

[67] 李文溥, 陈永杰. 中国人口城市化水平与结构偏差 [J]. 中国

人口科学，2001（5）：10 – 18.

[68] 李昕，文婧，林坚. 土地城镇化及相关问题研究综述 [J]. 地理科学进展，2012，31（8）：1042 – 1049.

[69] 李鑫，李兴校，欧名豪. 江苏省城镇化发展协调度评价与地区差异分析 [J]. 人文地理，2012（3）：50 – 54.

[70] 李秀彬. 对加速城镇化时期土地利用变化核心学术问题的认识 [J]. 中国人口·资源与环境，2009，19（5）：1 – 5.

[71] 李明月，胡竹枝. 广东省人口城市化与土地城市化速率比对 [J]. 城市问题，2012（4）：33 – 36.

[72] 李子联. 人口城镇化滞后于土地城镇化之谜——来自中国省际面板数据的解释 [J]. 中国人口·资源与环境，2013，23（11）：94 – 101.

[73] 梁流涛，赵庆良，陈聪. 中国城市土地利用效率空间分异特征及优化路径分析——基于 287 个地级以上城市的实证研究 [J]. 中国土地科学，2013（7）：48 – 54.

[74] 廖进中，韩峰，张文静等. 长株潭地区城镇化对土地利用效率的影响 [J]. 中国人口·资源与环境，2010，20（2）：30 – 36.

[75] 廖重斌. 环境与经济协调发展的定量评判及其分类体系 [J]. 热带地理，1999，19（2）：171 – 177.

[76] 刘慧. 区域差异测度方法与评价 [J]. 地理研究，2006，25（4）：710 – 718.

[77] 刘纪远，刘明亮，庄大方等. 中国近期土地利用变化的空间格局分析 [J]. 中国科学：地球科学，2002，32（12）：1031 – 1040.

[78] 刘家强. 中国人口城市化：动力约束与适度进程 [J]. 经济学家，1998（4）：97 – 103.

[79] 刘立峰. 对新型城镇化进程中若干问题的思考 [J]. 宏观经济研究，2013（5）：3 – 6.

[80] 刘沙沙. 土地与劳动力协同推进对策研究 [D]. 郑州大学，2012.

［81］刘生. 产业结构调整、城镇化发展与政府政策［J］. 江汉学术, 2014（5）：27－33.

［82］刘涛, 曹广忠, 边雪等. 城镇化与工业化及经济社会发展的协调性评价及规律性探讨［J］. 人文地理, 2010（6）：47－52.

［83］刘新卫. 中国城镇化健康发展的土地利用策略［M］. 北京：地质出版社, 2008.

［84］刘新卫, 张定祥, 陈百明. 快速城镇化过程中的中国城镇土地利用特征［J］. 地理学报, 2008, 63（3）：301－310.

［85］刘彦随, 刘玉, 翟荣新. 中国农村空心化的地理学研究与整治实践［J］. 地理学报, 2009, 64（10）：1193－1202.

［86］刘耀林, 李纪伟, 侯贺平等. 湖北省城乡建设用地城镇化率及其影响因素［J］. 地理研究, 2014, 33（1）：132－142.

［87］刘玉, 冯健. 中国区域城镇化发展态势及战略选择［J］. 地理研究, 2008, 27（1）：45－54.

［88］陆大道, 姚士谋, 李国平等. 基于我国国情的城镇化过程综合分析［J］. 经济地理, 2007, 27（6）：883－887.

［89］陆大道, 姚士谋. 中国城镇化进程的科学思辨［J］. 人文地理, 2007（4）：1－5.

［90］陆大道. 地理学关于城镇化领域的研究内容框架［J］. 地理科学, 2013, 33（8）：897－901.

［91］罗楚亮. 经济增长、收入差距与农村贫困［J］. 经济研究, 2012（2）：15－27.

［92］罗能生, 李佳佳, 罗富政. 中国城镇化进程与区域生态效率关系的实证研究［J］. 中国人口·资源与环境, 2013, 23（11）：53－60.

［93］吕萍, 周滔, 张正峰等. 土地城市化及其度量指标体系的构建与应用［J］. 中国土地科学, 2008, 22（8）.

［94］马兴彬. 我国农村城镇化进程中土地流转问题研究［D］. 哈尔滨工业大学, 2013.

[95] 钱忠好, 牟燕. 中国土地市场化水平: 测度及分析 [J]. 管理世界, 2012 (7): 67 – 75.

[96] 钱忠好. 中国农地保护: 理论与政策分析 [J]. 管理世界, 2003 (10): 60 – 70.

[97] 秦佳, 李建民. 中国人口城镇化的空间差异与影响因素 [J]. 人口研究, 2013 (2): 25 – 40.

[98] 沈清基. 论基于生态文明的新型城镇化 [J]. 城市规划学刊, 2013 (1): 29 – 36.

[99] 石忆邵. 中国新型城镇化与小城镇发展 [M]. 北京: 中国社会科学出版社, 2013: 47 – 52.

[100] 宋丽敏. 中国人口城市化与城镇就业问题研究 [D]. 辽宁大学, 2007.

[101] 宋敏, 张安录. 农地城市流转中的不确定性与不可逆性探讨 [J]. 资源科学, 2009, 31 (5): 780 – 786.

[102] 宋敏, 赵慧. 人口城镇化对农地产权稳定性的影响——基于湖北省仙桃市 243 个农户的调查 [J]. 农村经济, 2014 (10): 33 – 36.

[103] 宋敏. 基于外部性内化的农地城市流转调控政策工具研究进展评述 [J]. 中国人口·资源与环境, 2012, 22 (1): 123 – 129.

[104] 宋伟轩. 西方城市绅士化理论纷争及启示 [J]. 人文地理, 2013 (1): 32 – 35.

[105] 宋元梁, 肖卫东. 中国城镇化发展与农民收入增长关系的动态计量经济分析 [J]. 数量经济技术经济研究, 2005, 22 (9): 30 – 39.

[106] 孙平军, 丁四保, 修春亮等. 湖北 "人口—经济—空间" 城市化及其层级结构 [J]. 长江流域资源与环境, 2011, 20 (10): 1172 – 1179.

[107] 孙平军, 修春亮, 王绮等. 中国城市空间扩展的非协调性研究 [J]. 地理科学进展, 2012, 31 (8): 1032 – 1041.

[108] 孙秀林, 周飞舟. 土地财政与分税制: 一个实证解释 [J]. 中国社会科学, 2013 (4): 40 – 59.

[109] 孙钰, 李新刚. 山东省土地综合承载力协调发展度分析 [J]. 中国人口·资源与环境, 2013, 23 (11): 123 - 129.

[110] 谭荣, 曲福田. 市场与政府的边界: 土地非农化治理结构的选择 [J]. 管理世界, 2009 (12): 39 - 47.

[111] 汪泓, 崔开昌. 中国就业增长与城镇化水平关系的实证研究 [J]. 南京社会科学, 2012 (8): 28 - 32.

[112] 王贝. 中国工业化、城镇化和农业现代化关系实证研究 [J]. 城市问题, 2011 (9): 21 - 25.

[113] 王发曾. 中原经济区的"三化"协调发展之路 [J]. 人文地理, 2012 (3): 55 - 59.

[114] 王芳, 周兴. 人口结构、城镇化与碳排放——基于跨国面板数据的实证研究 [J]. 中国人口科学, 2012 (2): 47 - 56.

[115] 王富喜, 孙海燕. 山东省城镇化发展水平测度及其空间差异 [J]. 经济地理, 2009, 29 (6): 921 - 924.

[116] 王国刚. 城镇化: 中国经济发展方式转变的重心所在 [J]. 经济研究, 2010 (12): 70 - 81.

[117] 王会, 王奇. 中国城镇化与环境污染排放: 基于投入产出的分析 [J]. 中国人口科学, 2011 (5): 57 - 66.

[118] 王建军, 吴志强. 城镇化发展阶段划分 [J]. 地理学报, 2009, 64 (2): 177 - 188.

[119] 王琦, 陈才. 产业集群与区域经济空间的耦合度分析 [J]. 地理科学, 2008, 28 (2): 145 - 149.

[120] 王少剑, 王洋, 赵亚博. 广东省区域经济差异的多尺度与多机制研究 [J]. 地理科学, 2014, 34 (10): 1184 - 1192.

[121] 王小鲁. 中国城市化路径与城市规模的经济学分析 [J]. 经济研究, 2010 (10): 20 - 32.

[122] 王晓丽. 中国人口城镇化质量研究 [D]. 南开大学, 2013.

[123] 王旭, 王洋. 中国的美国城市史研究述评 [J]. 史学理论研

究, 2011 (1)：133 - 142.

[124] 王学峰. 发达国家城镇化形式的演变及其对中国的启示 [J]. 地域研究与开发, 2011, 30 (4)：54 - 60.

[125] 王洋, 方创琳, 王振波. 中国县域城镇化水平的综合评价及类型区划分 [J]. 地理研究, 2012, 31 (7)：1305 - 1316.

[126] 王永明, 马耀峰. 城市旅游经济与交通发展耦合协调度分析——以西安市为例 [J]. 陕西师范大学学报：自然科学版, 2011, 39 (1)：86 - 90.

[127] 魏冶, 修春亮, 孙平军. 21 世纪以来中国城镇化动力机制分析 [J]. 地理研究, 2013 (9)：1679 - 1687.

[128] 温铁军, 温厉. 中国的"城镇化"与发展中国家城市化的教训 [J]. 中国软科学, 2007 (7)：23 - 29.

[129] 吴巍, 周生路, 魏也华等. 城乡结合部土地资源城镇化的空间驱动模式分析 [J]. 农业工程学报, 2013 (16)：220 - 228.

[130] 吴先华. 城镇化、市民化与城乡收入差距关系的实证研究——基于山东省时间序列数据及面板数据的实证分析 [J]. 地理科学, 2011 (1)：68 - 73.

[131] 吴玉鸣, 周立, 吕春燕. 空间非稳定性模型及其在产学联盟研发创新中的应用 [J]. 系统工程理论与实践, 2010, 30 (6)：1010 - 1015.

[132] 武力. 1978 ~ 2000 年中国城市化进程研究 [J]. 中国经济史研究, 2002 (3)：73 - 82.

[133] 熊柴, 高宏. 人口城镇化与空间城镇化的不协调问题——基于财政分权的视角 [J]. 财经科学, 2012 (11)：102 - 108.

[134] 徐萍, 吴群, 刘勇等. 城市产业结构优化与土地资源优化配置研究——以南京市为例 [J]. 南京社会科学, 2003 (s2)：340 - 346.

[135] 严金明, 蔡运龙. 我国城镇化道路的选择与小城镇合理用地的思考 [J]. 中国土地科学, 2000, 14 (4)：27 - 30.

[136] 杨充霖. 资源空间配置与中国新型城镇化的基础理论构架

[J].经济学动态，2014（9）：98-105.

[137] 杨庆芳，张航空，武玉.中国人口城市化水平差异区域模式研究 [J].兰州学刊，2014（2）：89-94.

[138] 杨文举.中国城镇化与产业结构关系的实证分析 [J].经济经纬，2007（1）：78-81.

[139] 姚士谋，陆大道，王聪等.中国城镇化需要综合性的科学思维——探索适应中国国情的城镇化方式 [J].地理研究，2011，30（11）：1947-1955.

[140] 姚士谋，王辰，张落成等.我国资源环境对城镇化问题的影响因素 [J].地理科学进展，2008，27（3）：94-100.

[141] 叶艳妹，彭群，吴旭生.农村城镇化、工业化驱动下的集体建设用地流转问题探讨——以浙江省湖州市、建德市为例 [J].中国农村经济，2002（9）：36-42.

[142] 叶耀先.新中国城镇化的回顾和启示 [J].中国人口·资源与环境，2006，16（2）：1-7.

[143] 易宪容.中国住房市场的公共政策研究 [J].管理世界，2009（10）：62-71.

[144] 殷江滨，李郇.中国人口流动与城镇化进程的回顾与展望 [J].城市问题，2012（12）：23-29.

[145] 尹宏玲，徐腾.我国城市人口城镇化与土地城镇化失调特征及差异研究 [J].城市规划学刊，2013（2）：10-15.

[146] 张车伟，蔡翼飞.中国城镇化格局变动与人口合理分布 [J].中国人口科学，2012（6）：44-57.

[147] 张春梅，张小林，吴启焰等.城镇化质量与城镇化规模的协调性研究——以江苏省为例 [J].地理科学，2013，33（1）：16-22.

[148] 张光宏，崔许锋.人口城镇化与城镇化用地关系研究——以江苏省为例 [J].中国人口科学，2013（5）：96-104.

[149] 张光宏，杨明杏.中国农村土地制度的创新 [J].管理世界，

2001 (4): 207 –208.

[150] 张光宏. 农地产权制度效率: 历史分析与启示 [J]. 农业经济问题, 2005, 26 (6): 61 –65.

[151] 张俊凤, 刘友兆. 城市建成区扩张与经济增长间的关系——以长三角地区为例 [J]. 城市问题, 2013 (2): 11 –15.

[152] 张沛. 中国城镇化的理论与实践——西部地区发展研究与探索 [M]. 南京: 东南大学出版社, 2009.

[153] 赵常兴. 西部地区城镇化研究 [D]. 西北农林科技大学, 2007.

[154] 赵金华, 曹广忠, 王志宝. 我国省 (区) 人口城镇化水平与速度的类型特征及影响因素 [J]. 城市发展研究, 2009, 16 (9): 54 –60.

[155] 赵峥, 倪鹏飞. 我国城镇化可持续发展: 失衡问题与均衡路径 [J]. 学习与实践, 2012 (8): 5 –10.

[156] 郑思齐, 孙伟增, 吴璟等. "以地生财, 以财养地"——中国特色城市建设投融资模式研究 [J]. 经济研究, 2014 (8): 14 –27.

[157] 郑伟元. 中国城镇化过程中的土地利用问题及政策走向 [J]. 城市发展研究, 2009, 16 (3): 16 –19.

[158] 周青, 黄贤金, 濮励杰等. 快速城镇化农村区域土地利用变化及驱动机制研究——以江苏省原锡山市为例 [J]. 资源科学, 2004, 26 (1): 22 –30.

[159] 周元, 孙新章. 中国城镇化道路的反思与对策 [J]. 中国人口资源与环境, 2012, 22 (4): 56 –59.

[160] 朱传耿, 孙姗姗, 李志江. 中国人口城市化的影响要素与空间格局 [J]. 地理研究, 2008, 27 (1): 13 –22.

[161] 朱孔来, 李静静, 乐菲菲. 中国城镇化进程与经济增长关系的实证研究 [J]. 统计研究, 2011, 28 (9): 80 –87.

[162] 朱守银. 中国农村城镇化进程中的改革问题研究 [J]. 中国农村观察, 2000 (6): 2 –24.

［163］朱天舒，秦晓微. 城镇化路径：转变土地利用方式的根本问题［J］. 地理科学，2012，32（11）：1348 – 1352.

［164］卓玛措. 人地关系协调理论与区域开发［J］. 青海师范大学学报：哲学社会科学版，2005（6）：24 – 27.

［165］Abelairas-Etxebarria P, Astorkiza I. Are land use policies preserving farmland from urban sprawl?［J］. Review of European Studies, 2012, 4（5）.

［166］Ben-Zadok E. Consistency, concurrency and compact development: Three faces of growth management implementation in Florida［J］. Urban Studies, 2005, 42（12）: 2167 – 2190.

［167］Bylander M. Depending on the sky: Environmental distress, migration, and coping in rural Cambodia［J］. International Migration, 2013.

［168］Cheng T, Selden M. The origins and social consequences of China's hukou system［J］. The China Quarterly, 1994, 139: 644 – 668.

［169］Cropper M, Griffiths C. The interaction of population growth and environmental quality［J］. The American Economic Review, 1994: 250 – 254.

［170］Duranton G. Urban evolutions: The fast, the slow, and the still［J］. The American Economic Review, 2007: 197 – 221.

［171］Feiock R C, Tavares A F, Lubell M. Policy instrument choices for growth management and land use regulation［J］. Policy Studies Journal, 2008, 36（3）: 461 – 480.

［172］Fischel W A. The urbanization of agricultural land: a review of the National Agricultural Lands Study［J］. Land Economics, 1982: 236 – 259.

［173］Grossman G M, Krueger A B. Economic growth and the environment［R］. National Bureau of Economic Research, 1994.

［174］Grossman G M, Krueger A B. The inverted-U: what does it mean?［J］. Environment and Development Economics, 1996, 1（1）: 119 – 122.

［175］Hastie T, Tibshirani R. Varying-coefficient models［J］. Journal of the Royal Statistical Society, Series B (Methodological), 1993: 757 – 796.

[176] Howell-Moroney M. Studying the effects of the intensity of US state growth management approaches on land development outcomes [J]. Urban Studies, 2007, 44 (11): 2163 – 2178.

[177] Johnson M, Isakov V, Touma J S, et al. Evaluation of land-use regression models used to predict air quality concentrations in an urban area [J]. Atmospheric Environment, 2010, 44 (30): 3660 – 3668.

[178] Johnston R J, Duke J M. Willingness to pay for agricultural land preservation and policy process attributes: Does the method matter? [J]. American Journal of Agricultural Economics, 2007, 89 (4): 1098 – 1115.

[179] Kim J H. Land use, spatial structure, and regional economic performance: assessing the economic effects of land use planning and regulation [D]. University of Illinois at Urbana-Champaign, 2010.

[180] Kuznets S. Economic growth and income inequality [J]. The American economic review, 1955, 45 (1): 1 – 28.

[181] Lambin E F, Meyfroidt P. Global land use change, economic globalization, and the looming land scarcity [J]. Proceedings of the National Academy of Sciences, 2011, 108 (9): 3465 – 3472.

[182] Lambin E F, Meyfroidt P. Land use transitions: Socio-ecological feedback versus socio-economic change [J]. Land Use Policy, 2010, 27 (2): 108 – 118.

[183] LeGates R T. Visions, scale, tempo, and form in China's emerging city-regions [J]. Cities, 2014, 41: 171 – 178.

[184] Malcolm S A, Duke J M, Mackenzie J. Valuing rights of first refusal for farmland preservation policy [J]. Applied Economics Letters, 2005, 12 (5): 285 – 288.

[185] Martínez-Fernández J, Ruiz-Benito P, Zavala M A. Recent land cover changes in Spain across biogeographical regions and protection levels:

Implications for conservation policies [J]. Land Use Policy, 2015, 44: 62 – 75.

[186] McMillen D P, McDonald J F. A nonparametric analysis of employment density in a polycentric city [J]. Journal of Regional Science, 1997, 37 (4): 591 –612.

[187] Mimet A, Raymond R, Simon L, et al. Can designation without regulation preserve land in the face of urbanization? A case study of ZNIEFFs in the Paris region [J]. Applied Geography, 2013, 45: 342 –352.

[188] Monkkonen P. Urban land-use regulations and housing markets in developing countries: Evidence from Indonesia on the importance of enforcement [J]. Land Use Policy, 2013, 34: 255 –264.

[189] Ónega-López F J, Puppim de Oliveira J A, Crecente-Maseda R. Planning innovations in land management and governance in fragmented rural areas: Two examples from Galicia (Spain) [J]. European Planning Studies, 2010, 18 (5): 755 –773.

[190] Pham T T H, Tong T H A, Pham V C. Becoming Urban: How Urbanization Influences the Loss of Arable Land in Peri-urban Hanoi [M]. Computational Science and Its Applications-ICCSA 2013. Springer Berlin Heidelberg, 2013: 238 –252.

[191] Potts D. Rural mobility as a response to land shortages: the case of Malawi [J]. Population, Space and Place, 2006, 12 (4): 291 –311.

[192] Ranis G, Fei J C H. A theory of economic development [J]. The American Economic Review, 1961: 533 –565.

[193] Ray M N, Northam L. Urban geography [M]. New YDrk: John Willey & Sons, 1979.

[194] Rimal, B. Urban Development and Land use Change of Main Nepalese Cities [D]. Ph. D thesis. Submitted to the Faculty of Earth Science and Environmental Management, University of Wroclaw, 2011.

[195] Romano B, Zullo F. Land urbanization in Central Italy: 50 years of evolution [J]. Journal of Land Use Science, 2013 (ahead-of-print): 1 – 22.

[196] Sandhya Kiran G, Joshi U B. Estimation of variables explaining urbanization concomitant with land-use change: a spatial approach [J]. International Journal of Remote Sensing, 2013, 34 (3): 824 – 847.

[197] Sargeson S. Violence as development: land expropriation and China's urbanization [J]. Journal of Peasant Studies, 2013, 40 (6): 1063 – 1085.

[198] Sorensen A. Land, property rights, and planning in Japan: institutional design and institutional change in land management [J]. Planning Perspectives, 2010, 25 (3): 279 – 302.

[199] Summers D M, Bryan B A, Nolan M, et al. The costs of reforestation: a spatial model of the costs of establishing environmental and carbon plantings [J]. Land Use Policy, 2015, 44: 110 – 121.

[200] Tibshirani R, Hastie T. Local likelihood estimation [J]. Journal of the American Statistical Association, 1987, 82 (398): 559 – 567.

[201] Tobler W R. A computer movie simulating urban growth in the Detroit region [J]. Economic geography, 1970, 46: 234 – 240.

[202] Wang J, Chen Y, Shao X, et al. Land-use changes and policy dimension driving forces in China: present, trend and future [J]. Land Use Policy, 2012, 29 (4): 737 – 749.